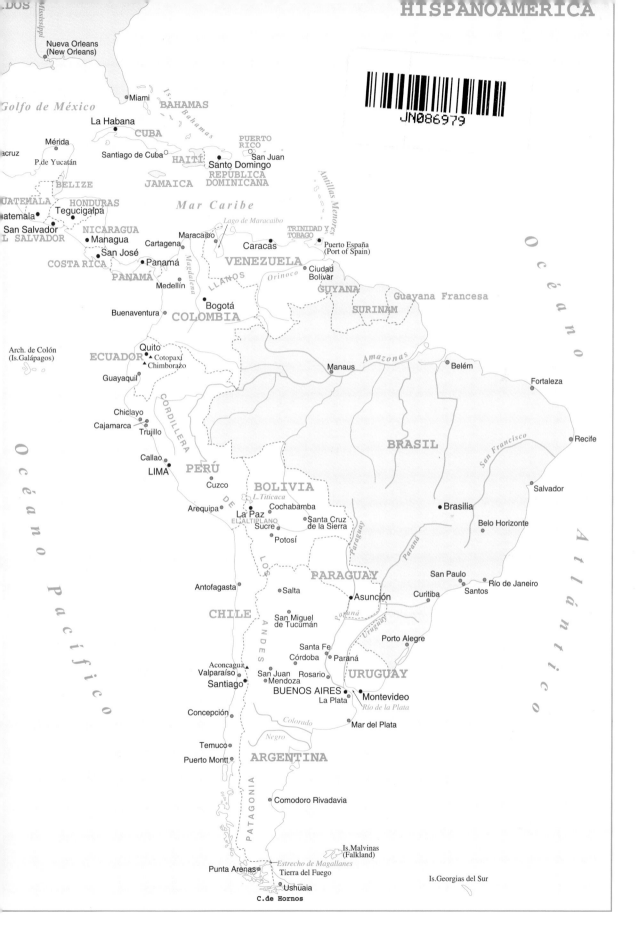

# Español visual

## -Nueva edición-

WEB 映像＋音声

愛でる！スペイン語
め

新正書法改訂版

福嶌 教隆

朝日出版社

愛でる！スペイン語　新正書法改訂版　URL

（音声・映像）
https://text.asahipress.com/free/spanish/espanolvisual/index.html

ナレーション — Gabriel Begiristain
写真提供 — スペイン政府観光局

# は じ め に

　広大なスペイン語圏は，魅力がいっぱいです。スペインだけをとってみても，美術，音楽，映画，スポーツ，ファッション，デザイン，グルメなど，興味深いトピックにあふれています。一方，風力発電，臓器移植など，最先端の問題においても世界をリードしています。

　スペイン語の基礎を勉強された皆さん。今から本書を通して，スペイン語圏の魅力を直接に味わってください。本書は，DVDを見ながら学ぶスペイン語初級〜中級講読の教科書です。この分野では，わが国初の試みです。

　本書は16課から成ります。本文は，映像のナレーションの形をとっています。スペイン現地ロケによって，サグラダ・ファミリア教会，アルハンブラ宮殿，メスキータなど，スペインが誇る世界文化遺産の数々や，プラド美術館，闘牛，フラメンコ，バル（居酒屋），人々の暮らしなどの生き生きとした映像をお届けします。このDVDによるビジュアルなスペインを愛でながら，プロのナレーターの正確な発音を聴いて，無理なく読解力を高めていきます。

　各課には，本文のほかに，本文に出る主な語句の意味や用法を書き込んでいく「語句ノート」や，本文と関連させて文法を学ぶ「文法（基礎編，発展編）」のコーナーも設けられています。

　さらにDVDには，スペイン各地の若者たちが皆さんに語りかけ，皆さんが答える形式になった「Cómo hacer amigos（アミーゴのつくり方）」の映像も収められ，バーチャルなスペイン滞在を体験しつつ会話力を磨くこともできます。

　本書は，前著『動く！スペイン語』の文化コラムをベースに，新たな映像を多数加えて，初級〜中級講読テキストとして編んだものです。今回の現地ロケでは，バルセロナ，コルドバ，グラナダの市民の皆さんに大きな協力を得ました。

　Gabriel Begiristain さんは素晴らしいナレーションを吹き込んでくださっただけでなく，スペイン語を細かくチェックしてくださいました。また，編集担当の山田敏之さんは，情熱の力でこの企画を実現してくださいました。

　このささやかなテキストによって，皆さんにスペイン語・スペイン語圏の文化を愛でる喜びを味わっていただければ，これに勝る喜びはありません。

2009年9月

福嶌教隆

## 改 訂 に あ た っ て

　この度，学習者の使用実態に沿うように，映像の提供をDVDではなく，インターネットでの配信の形で行うことにしました。それに合わせ，音声の配信も開始します。

　また，これを機に，文字表記などを修正しました。

　大文字・小文字の使い分けをはじめ，スペイン王立学士院の最新の規範に則った表示になっています。

2021年9月

福嶌教隆

# Índice（目次）

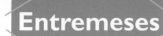

# Entremeses    *Cómo hacer amigos*

♪ 2

1  *Amigo:*    Hola, ¿qué tal? ¿Cómo estás?

1'  *Tú:*    _____ .

2  *Amigo:*    Me llamo Jordi. Y tú, ¿cómo te llamas?

2'  *Tú:*    _____ .

3  *Amigo:*    Soy de Barcelona. Y tú, ¿de dónde eres?

3'  *Tú:*    _____ .

4  *Amigo:*    Hablo español y catalán. Y tú, ¿qué idiomas hablas?

4'  *Tú:*    _____ .

5  *Amigo:*    Me gusta el fútbol. Y a ti, ¿qué deporte te gusta?

5'  *Tú:*    _____ .

この課では，スペインの若者が皆さんにむかって語りかけます。WEB映像では，この映像は本課がスタートする前，そして各課の間に置かれています。**entremeses,** つまり「前菜」であり，かつ演劇の幕と幕の間に挿入される「幕間劇」でもあるわけです。

ここに使われている10の表現で，自己紹介をして，相手のことを尋ねることができます。スペイン語圏の人と**amigo, amiga** になるための必須表現です。ポーズを利用して，会話をしてみてください。

この映像と音声は，スペインの若者たちに頼んで現地ロケをして収録しました。ではまず，バルセロナ出身の **Jordi**（ジョルディ）君とコルドバ出身の **Carmen**（カルメン）さんに登場してもらいましょう。

6   *Amiga:*     Vivo en Córdoba. Y tú, ¿dónde vives?

6'   *Tú:*     ............................................................. .

7   *Amiga:*     Tengo una hermana. Y tú, ¿cuántos hermanos tienes?

7'   *Tú:*     ............................................................. .

8   *Amiga:*     No he estado nunca en Japón.

                  Y tú, ¿has estado alguna vez en Córdoba?

8'   *Tú:*     ............................................................. .

9   *Amiga:*     En Córdoba tenemos la Mezquita.

                  Y en Japón, ¿qué me recomendarías visitar?

9'   *Tú:*     ............................................................. .

10   *Amiga:*     Bueno, tengo que irme ya. Pues nada. Adiós.

10'   *Tú:*     ............................................................. .

WEB映像では，各課のあとで amigos が皆さんに語りかけます。会話してみましょう。

◆語句ノート◆     空欄に記入しなさい。数字は行を示します。

2 **Jordi** ジョルディ（男性の名前。カタルニア語）

3 **Barcelona** バルセロナ（都市の名前）

4 **catalán** 男 カタルニア語

4 **idioma** 男 .............................

5 **fútbol** 男 .............................

5 **deporte** 男 .............................

6 **Córdoba** コルドバ（都市の名前）

8 **he estado** → estar 直説法現在完了 .............................

8 **alguna vez** いつか，あるとき

9 **mezquita** 女 イスラム教寺院

9 **recomendarías** → recomendar 直説法過去未来
（婉曲用法）.............................

10 **irme** → irse（立ち去る）

10 **pues nada** じゃ，そういうことで

WEB
♪ 3

*Templo de la Sagrada Familia*

## ガウディとサグラダ・ファミリア教会

**紺**碧の天を切り裂くようにそびえる奇怪な尖塔の群れ。1度見たら忘れられないこの建築は，バルセロナ市にある**サグラダ・ファミリア**（**Sagrada Familia,** 聖家族）教会です。着工は19世紀末ですが，完成しているのは，東面の「生誕の門」と4本の塔，西面の「受難の門」と4本の塔，その他の外壁だけで，今も工事が続いています。

　このユニークな着想は，どうやって生まれたのでしょうか？ヒントは「郷土愛」です。この建物があるバルセロナ市は，カタルニア地方の中心です。カタルニア地方は古くから固有の文化と言語を持つ，自立精神の旺盛な地域です。サグラダ・ファミリア教会の設計者**アントニオ・ガウディ**（**Antonio Gaudí,** カタルニア語では **Antoni Gaudí**）も強い郷土愛の持ち主でした。と言うわけで正解は……？ 本文とWEBの映像でご確認ください。

1  ¿Qué es eso?

2  Es la famosa Sagrada Familia.

3  ¿Y esto?

4  También es la Sagrada Familia.

5  Este nombre comprende a Jesús, a la Virgen María y a san José.

6  O sea, el templo barcelonés con este nombre conmemora a esta

7  familia.

8  Empezó a construirse en 1882 (mil ochocientos ochenta y dos),

9  y al año siguiente Antonio Gaudí se encargó de la construcción

10  de esta iglesia, pero aún hoy está en obras.

11  Esta es la fachada del Nacimiento, que da al este.

12  Verdaderamente es la biblia en piedra.

13  Mira.

14  Este ángel que toca el arpa se le atribuye al escultor japonés

15  Etsuro Sotoo.

---

◆語句ノート◆　空欄に記入しなさい。

2 **Sagrada Familia** 聖家族，またそれを扱った
美術，建築

5 **comprende** → comprender _____

5 **Jesús** _____

5 **Virgen María** _____

5 **san José** _____

6 **o sea** つまり

6 **conmemora** → conmemorar _____

8 **empezó** → empezar _____

9 **Antonio Gaudí** アントニオ・ガウディ（1852
-1926）スペインの建築家

9 **se encargó** → encargarse (+ de) _____

10 **estar en obras** 工事中である

11 **fachada** 〔女〕_____

11 **nacimiento** 〔男〕_____

11 **dar al este** 東に向いている

12 **biblia** 〔女〕_____

12 **piedra** 〔女〕_____

14 **arpa** 〔女〕_____

14 **se... atribuye** → atribuirse (+ a) _____

14 **le** = al escultor japonés Etsuro Sotoo

15 **Etsuro Sotoo** 外尾悦郎（1953-）日本の建築家

Es uno de los seguidores de Gaudí que trabaja aquí desde 1978 ₁₆
(mil novecientos setenta y ocho). ₁₇

En el lado oeste del templo, hay otra fachada, la de la Pasión, ₁₈
que tiene un diseño más moderno y sobrio. ₁₉
Los turistas entran por esta fachada. ₂₀

En la parte sur se supone que se va a construir una tercera ₂₁
fachada, la de la Gloria, pero aún está sin empezar a ₂₂
construirse. ₂₃

Actualmente vemos sólo ocho torres, pero según el plan del ₂₄
arquitecto catalán, deben erguir en el cielo dieciocho torres ₂₅
en total. ₂₆

¿Sabes qué le inspiró a Gaudí el diseño de estas torres? ₂₇
Son las rocas de Montserrat, un lugar sagrado para los ₂₈
catalanes. ₂₉
Tanto amaba Gaudí su tierra natal. ₃₀

◆語句ノート◆　　空欄に記入しなさい。

₁₆ **seguidor** 男 ＿＿＿＿＿＿＿＿＿＿　₂₅ **erguir** ＿＿＿＿＿＿＿＿＿＿

₁₈ **pasión** 女 ＿＿＿＿＿＿＿＿＿＿　₂₆ **en total** 全部で

₁₉ **diseño** 男 ＿＿＿＿＿＿＿＿＿＿　₂₇ **le** 彼に（= a Gaudí）

₁₉ **sobrio** ＿＿＿＿＿＿＿＿＿＿　₂₇ **inspiró** → inspirar ＿＿＿＿＿

₂₀ **turista** 男 女 ＿＿＿＿＿＿＿　₂₈ **roca** 女 ＿＿＿＿＿＿＿＿＿

₂₁ **supone** → suponer ＿＿＿＿＿　₂₈ **Montserrat** モンセラット山（カタルニア地方の聖

₂₂ **gloria** 女 ＿＿＿＿＿＿＿＿＿＿　　　　地。奇岩で有名）

₂₂ **aún** ＿＿＿＿＿＿＿＿＿＿＿＿　₂₈ **sagrado** ＿＿＿＿＿＿＿＿＿

₂₄ **torre** 女 ＿＿＿＿＿＿＿＿＿＿　₃₀ **tanto** それほどたくさん

₂₅ **arquitecto** 男 ＿＿＿＿＿＿＿　₃₀ **amaba** → amar ＿＿＿＿＿＿＿

₂₅ **catalán** カタルニア地方の（arquitecto cata-　₃₀ **tierra** 女 ＿＿＿＿＿＿＿＿
　　lán は，ここでは Gaudí を指す）　₃₀ **natal** ＿＿＿＿＿＿＿＿＿＿

## Gramática 1

【**文法◆基本編**】疑問文

チェック 疑問文には，次の2種類があります。どちらも「¿...?」を付けて表記します。

① 疑問詞を含む句で始まるもの：¿Qué es eso?（あれは何ですか？）（本文1行目）

② 「はい，いいえ」で答えるもの ：¿Es la famosa Sagrada Familia?（あれは有名なサグラ
ダ・ファミリア教会ですか？）

タスク 次の文を①型，②型の疑問文に改めなさい。①型は下線部を問う文にしなさい。

(1) Esto es <u>la Sagrada Familia</u>.

　　[①型] .................................................................................................

　　[②型] .................................................................................................

(2) Este arquitecto se llama <u>Antonio Gaudí</u>.

　　[①型] .................................................................................................

　　[②型] .................................................................................................

【**文法◆発展編**】数詞（年号）

チェック 「1882年」は (el año) mil ochocientos ochenta y dos と言います。el año は普通省
略されます。3けたの年のに場合は，しばしば el を残します。1000 の位と 100 の位，100
の位と 10 の位の間には y（そして）は不要です。

タスク 次の年をスペイン語で言いなさい。

(1) 1999 .................................................................................................

(2) 1492 .................................................................................................

(3)  794 .................................................................................................

(4) 2016 .................................................................................................

カタルニア

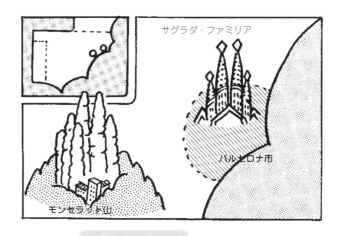

## Lección 2 *Barcelona*

*Mercado Sant Josep*

### バルセロナ市

　**バ**ルセロナ（**Barcelona**）は，スペイン東部カタルニア（**Cataluña**）地方の中心です。すぐ後ろに山を背負った港湾都市で，日本の神戸市と姉妹都市の関係にあります。商工業が盛んな，活気のある大都会ですが，観光地としても，魅力のある町です。

　「ゴシック地区」と呼ばれる**旧市街**（**casco antiguo**）の迷路のような街角に身を置くと，遠い昔にタイムスリップしたような気分が味わえます。

　ところがそこを一歩抜けると，碁盤の目のように整然と区画された新市街になります。ここには，**ガウディ**（**Antonio Gaudí**, → 第1課）を代表とするモダニズム建築が立ち並び，訪れる人の目を楽しませてくれます。

　海岸部には港だけでなく，ビーチもあります。地中海の潮風を，WEBの映像で感じてください。

## Lectura 2

1 ¡Qué paisaje más precioso!

2 Esta es Barcelona, una ciudad portuaria de dos millones de
3 habitantes.

4 La ciudad condal, que así se llama, tiene dos caras distintas: la
5 del casco antiguo y la zona moderna.

6 Estamos en el barrio antiguo.

7 Se llama Barrio Gótico.

8 Conserva las edificaciones de hace siglos, como la Catedral,
9 el palacio de la Generalitat, y la plaza del Rey, donde Cristóbal
10 Colón se entrevistó con los Reyes Católicos al regreso de las
11 Indias.

12 Estas piedras fueron pisadas por el almirante genovés.

13 Atraviesa el casco antiguo el paseo de las Ramblas, donde hay
14 multitud de gente, y muchos puestos de floristas.

---

◆語句ノート◆　　空欄に記入しなさい。

1 **paisaje**[男] _____

2 **portuario** _____

4 **condal**　伯爵の（→ conde　伯爵。ciudad con-
　　dal = Barcelona）

5 **casco**[男] _____

7 **Barrio Gótico**　ゴシック地区（バルセロナ旧
　　市街）

8 **hace siglos**　何世紀も前

8 **catedral**[女] _____

9 **Generalitat**　[ジェネラリター] カタルニア州
　　政府（カタルニア語）

9 **plaza del Rey**　王の広場

9-10 **Cristóbal Colón**　クリストファー・コロン
　　ブス（1451-1506）イタリアの航海者

10 **se entrevistó** → entrevistarse (+ con) _____

10 **Reyes Católicos**　カトリック両王（アラゴン王フ
　　ェルナンド2世〈1452-1516〉と，その妻カスティリ
　　ア女王イサベル1世〈1451-1504〉）

11 **Indias**　スペイン人が到達・征服した地域（主にカリ
　　ブ海の諸島とアメリカ大陸）

12 **fueron** → ser 直説法点過去 _____

12 **pisadas** → pisar 過去分詞 _____

12 **almirante**[男] _____

12 **genovés**　ジェノバの（almirante genovés = Cris-
　　tóbal Colón）

13 **atraviesa** → atravesar _____

13 **paseo de las Ramblas**　ランブラス遊歩道

Entremos en este mercado que da al paseo. 15

¡Qué animación! 16

Aquí puedes conseguir casi todos los alimentos que deleitan 17
a los barceloneses. 18

El casco antiguo está rodeado de la zona moderna, de manzanas 19
estrictamente rectangulares. 20

Aquí encontramos, además del templo de la Sagrada Familia, 21
otros edificios de la escuela modernista, como la Pedrera o la 22
Casa Milà, la Casa Batlló, y la Casa de les Punxes. 23

Aquí nos sentimos como si estuviéramos en un museo de 24
arquitectura. 25

Concluimos nuestra ronda de la ciudad en la Barceloneta, 26
la playa de la ciudad. 27

Verás cómo te anima la energía del aire y el agua del mar 28
Mediterráneo. 29

---

◆語句ノート◆　　空欄に記入しなさい。

15 **entremos** → entrar　接続法現在 _____

_____

17 **deleitan** → deleitar

19 **manzana** 女　街区, ブロック；りんご

20 **estrictamente**

20 **rectangular**

21 **además de**　〜以外に

22 **escuela modernista**　モダニズム派（19世紀
末〜20世紀初頭のスペイン芸術の一派）

22 **Pedrera**　「石切り場」（Casa Milà の通称）

23 **Casa Milà**　ミラ邸（ガウディ作）

23 **Casa Batlló**　バトリョ邸（ガウディ作）

23 **Casa de les Punxes**　ラス・プンシャス集合住
宅（プッチ Josep Puig〈1869-1956〉作）

24 **como si**　まるで〜のように（＋接続法過去）

24 **estuviéramos** → estar　接続法過去 _____

26 **concluimos** → concluir

26 **ronda** 女 _____

26 **Barceloneta**　バルセロネタ海岸

28 **verás** → ver　直説法未来 _____

28 **anima** → animar

28 **agua** 女 _____

28-29 **mar Mediterráneo**　地中海

# Gramática 2

## 【文法◆基本編】感嘆文

**チェック** 感嘆文には qué, cómo などの疑問詞を含む句を用います。「¡...!」を付けて表記します。

¡Qué paisaje más precioso!（なんとすばらしい景色でしょう！）（本文1行目）／¡Qué animación!（なんという活気でしょう！）（本文16行目）／¡Cómo llueve!（よく降るなあ！）

**タスク** スペイン語で言いなさい。

(1) なんという現代的な都市でしょう！

_____

(2) この市場にはなんという活気があるのでしょう！

_____

(3) 空気と水のエネルギーは，なんとあなたを元気づけてくれるのでしょう！（←本文28-29行目）

_____

## 【文法◆発展編】受動文

**チェック** 受動文は「ser＋過去分詞」の形が基本です。ser の代わりに estar を使うと「～した結果，......の状態になっている」という意味になります。

① Estas piedras <u>fueron pisadas</u> por el almirante genovés.（これらの石はジェノバ出身の提督によって踏まれました。）（本文12行目）

② El casco antiguo <u>está rodeado</u> de la zona moderna.（旧市街は新市街に取り囲まれています。）（本文 19～20 行目）

**タスク** 次の能動文を受動文に改めなさい。

(1) Colón pisó estas piedras.

_____

(2) Gaudí diseñó esta iglesia.

_____

(3) Una gran muralla rodea la ciudad.

_____

バルセロナ

新市街
旧市街
モンジュイックの丘
バルセロネータ

# Lección 3    *Las plazas*

♪ 5

*Plaza de España (Madrid)*

## 広場の機能

広場（**plaza**）は，スペイン文化を理解する上で，欠かせない存在です。スペインのどの**都市**（**ciudad**）や村（**pueblo**）にも，広場がいくつもあります。ここは人々が青空の下，憩ったり，知人と話したり，文化的な，または社会的な催しに参加したりする場所です。

町の核となる広場は，しばしば**マヨール広場**（**plaza Mayor**）と呼ばれます。首都マドリードのマヨール広場は，旧市街の中心にあります。建物に囲まれ，石畳を敷き詰めたその空間は，下町情緒にあふれています。

一方，豊かな緑と，すがすがしい噴水を備えた，公園のようなイメージの広場もあります。マドリードの**スペイン広場**（**plaza de España**）はその典型的な例です。

それぞれの良さを，本文とWEBの映像で味わいましょう。

## Lectura 3

1 ¡Hola! ¿Qué tal?

2 Hoy también vamos a conocer España a través de imágenes.

3 Esta vez veremos cómo son las ciudades donde viven los

4 españoles.

5 Mira. Esta es una plaza.

6 Todas las ciudades de España tienen una plaza.

7 Es adonde la gente viene, bien para pasear, relajarse y divertirse

8 al aire libre, o bien para ver a sus amigos y participar en diversas

9 actividades.

10 Es como el patio de una casa.

11 Esta es la plaza Mayor de Madrid.

12 Es la antigua plaza principal de la ciudad.

13 Hace tiempo aquí se proclamaron reyes, se celebraron autos de

14 fe y corridas de toros.

15 Actualmente es un espacio turístico lleno de cafeterías y tiendas

16 de recuerdos.

◆語句ノート◆　空欄に記入しなさい。

2 **a través de** _____

2 **imagen** 女 _____ (複 imágenes)

3 **veremos** → ver 直説法未来 _____

5 **mira** → mirar 命令法 _____

5 **plaza** 女 _____

7 **adonde** [関係副詞] _____

7 **gente** 女 _____

7-8 **bien ... o bien ...** … または …

8 **relajarse** _____

9 **actividad** 女 _____

9 **patio** 男 _____

11 **plaza Mayor** マヨール広場（中央広場）

13 **hace tiempo** 昔

13 **proclamaron** → proclamar _____

13 **celebraron** → celebrar _____

13-14 **auto de fe** 宗教裁判

14 **corrida de toros** 闘牛

15 **actualmente** _____

15 **lleno de** ～でいっぱいの

15 **cafetería** 女 _____

15 **tienda** 女 _____

16 **recuerdo** 男 _____

Vamos a visitar una plaza más. 17
Hay mucho verde por aquí, ¿verdad? 18
Esta se llama plaza de España. 19
Este es el monumento dedicado al famoso novelista Miguel de 20
Cervantes. 21

Debajo, rodeadas de hermosos olivos, están las estatuas de don 22
Quijote y Sancho Panza, héroes creados por el autor. 23

Cuando vayas a una ciudad, dirígete primero a la plaza, 24
"ombligo" de esa ciudad. 25
Podrás comprender la estructura de la urbe, y también, la forma 26
de vivir de los ciudadanos. 27

◆語句ノート◆　空欄に記入しなさい。

18 **verde** 男　緑
18 **por aquí**　このあたりに
19 **plaza de España**　スペイン広場
20 **monumento** 男＿＿＿
20 **dedicado** → dedicarse (+a) ＿＿＿
20 **novelista** 男 女
20-21 **Miguel de Cervantes**　ミゲル・デ・セルバンテス（1547-1616、スペインの作家、『ドン・キホーテ』の作者）
22 **olivo** 男＿＿＿
22 **estatua** 女＿＿＿
22-23 **don Quijote**　ドン・キホーテ（セルバンテス

作の小説『ドン・キホーテ』の主人公）
23 **Sancho Panza**　サンチョ・パンサ（ドン・キホーテの従士）
23 **héroe** 男　英雄；主人公
24 **vayas** → ir 接続法現在＿＿＿
24 **dirígete** → dirigirse 命令法＿＿＿
25 **ombligo** 男＿＿＿
26 **podrás** → poder 直説法未来＿＿＿
26 **comprender**
26 **estructura** 女＿＿＿
26 **urbe** 女＿＿＿
26-27 **forma de vivir**　生き方

# Gramática 3

## 【文法◆基本編】 命令文

**チェック** 命令文は動詞の命令法・接続法現在で作ります。

① 命令法：tú, vosotros に対する肯定命令。Mira.（見なさい。）（本文5行目）／Dirígete primero a la plaza.（まず広場に向かいなさい。）（本文24〜25行目）

② 接続法現在：その他の命令。No mires.（見てはいけません。）／Mire.（ごらんください。）／No mire.（見ないでください。）

**タスク** 次の語句を用いて命令文を作りなさい。

(1) mirar → tú に対して「この広場を見なさい。」

(2) esperar → tú に対して「待ちなさい。」

(3) esperar → usted に対して「待たないでください。」

## 【文法◆発展編】 再帰動詞

**チェック** 再帰動詞は「自分を〜する」という基本的意味のほかに，「〜される」（受動）「一般に人は〜する」（不定人称）のような意味を表すことができます。

Hace tiempo aquí <u>se proclamaron</u> reyes, <u>se celebraron</u> autos de fe y corridas de toros.
（昔，ここで王が即位し，宗教裁判や闘牛が行われました。）（本文13〜14行目）

**タスク** 次のかっこ内の動詞を再帰動詞に改めなさい。

(1) En esta plaza [*celebrar*] una fiesta hoy.（今日，この広場で祭りが催されます。）

(2) En esta tienda [*vender*] recuerdos.（この店では土産物が売られています。）

(3) Desde aquí [*ver*] la estatua de don Quijote.（ここからドン・キホーテ像が見えます。）

**マドリード**

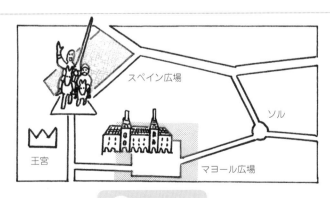

6

*Museo del Prado*

## スペインの美術

　スペインは天才的芸術家を輩出する国です。特に16世紀後半から17世紀前半には，ベラスケス（**Diego Velázquez**），ムリーリョ（**Bartolomé Murillo**），ギリシア出身のエル・グレコ（**el Greco**）らが「**黄金世紀（Siglo de Oro**）」と呼ばれる美術・文芸の最盛期を築きました。

　その後，ゴヤ（**Francisco de Goya**）の時代を経て，ピカソ（**Pablo Picasso**, 1881〜1973），ダリ（**Salvador Dalí**），ミロ（**Joan Miró**, 1893〜1983），タピエス（**Antoni Tàpies**, 1923〜2012）らが現代絵画を発展させました。

　なお，スペインには，ドガ（**E. Degas**, 1834〜1917, フランス），マネ（**E. Manet**, 1832〜1883, フランス），ゴッホ（**V. Van Gogh**, 1853〜1890, オランダ），モンドリアン（**P. Mondrian**, 1872〜1944, オランダ）など，諸外国の画家の作品がたっぷり鑑賞できる美術館もあります。

1 España es una gran potencia en bellas artes.

2 Podemos apreciar las obras de los grandes pintores en diversos

3 museos.

4 Te presentaré los tres museos más importantes que hay en Madrid.

5 Estamos en la entrada del Centro de Arte Reina Sofía.

6 ¡Hola!

7 El edificio del siglo XVIII (dieciocho) fue rehabilitado en 1986

8 (mil novecientos ochenta y seis) para inaugurarlo como

9 un museo de bellas artes moderno.

10 En su colección encontramos obras de Salvador Dalí, Joan

11 Miró y Antoni Tàpies entre otros, y el 'Guernica" de Pablo

12 Picasso.

13 Ahora pasamos a otro centro.

14 Es el Museo de Thyssen Bornemisza.

15 Inaugurado en 1992 (mil novecientos noventa y dos), este museo

16 nos ofrece obras tanto clásicas como contemporáneas

17 de autores mundialmente conocidos, como Degas, Manet,

18 Van Gogh, Mondrian, etc.

19 Y por último, visitamos el Museo del Prado.

20 Esta pinacoteca es un verdadero almacén de joyas de bellas

21 artes.

---

◆語句ノート◆　　空欄に記入しなさい。

4 **presentaré** → presentar　直説法未来 _____

5 **Centro de Arte Reina Sofía**　ソフィア王妃芸術セ
ンター

10 **Salvador Dalí** ほか　サルバドール・ダリ（1904-1989）
ほか　スペインの現代画家（→ 左ページ）

11 **Guernica**　ゲルニカ（ピカソ作の絵画）

14 **Museo de Thyseen Bornemisza**　ティ
ッセン・ボルネミッサ美術館

16 **tanto... como** _____

17-18 **Degas** ほか　ドガ（1834-1917）ほか　欧
米の近現代の画家（→ 左ページ）

19 **Museo del Prado**　プラド美術館

Esta estatua conmemora a Diego Velázquez, el pintor que 22
representa a España. 23
Entre sus numerosas obras, no puedes dejar de ver "Las 24
meninas" y "Las lanzas". 25

Murillo es otro pintor de igual importancia, y es conocido como 26
el pintor de las Vírgenes. 27

Teotocópuli, más bien conocido como el Greco, también 28
representa el Siglo de Oro, aunque no es de origen español sino 29
griego, como señala su apodo. 30

Estas pinturas de mucho impacto sensual, son obras de 31
Francisco de Goya. 32
Se titulan "La maja vestida" y "La maja desnuda" respectiva- 33
mente. 34
Entre otras de sus obras, caben mencionar "La familia de 35
Carlos IV (cuarto)", "El dos de mayo", "El tres de mayo" y las 36
grotescas "Pinturas negras". 37

Se inauguró un nuevo pabellón para que los visitantes puedan 38
admirar más los tesoros de este museo. 39

---

◆語句ノート◆　　空欄に記入しなさい。

22 **Diego Velázquez**　ディエゴ・ベラスケス（1599-
　　1660、スペインの画家）

24 **no poder dejar de**　～せずにはいられない

25 **menina** 女 _____

25 **lanza** 女　槍（Las lanzas はベラスケス作「ブレ
　　ダの開城」の通称）

26 **Murillo**　ムリーリョ（1617-1682、スペインの画家）

28 **el Greco**　エル・グレコ（1541-1614、ギリシア出
　　身の画家。スペインで活躍）

29 **Siglo de Oro**　黄金世紀（スペインの芸術が
　　栄えた時期。16世紀後半～17世紀前半）

32 **Francisco de Goya**　フランシスコ・デ・ゴ
　　ヤ（1746-1828、スペインの画家）

33 **maja** 女 _____

36 **Carlos IV**　カルロス4世（1748-1819、スペイ
　　ン国王）

38 **inauguró** → inaugurar _____

38 **puedan** → poder　接続法現在 _____

**18** （第 4 課 - 3）

# Gramática 4

【文法◆基本編】ser の活用

チェック  ser（～である）は最も重要な動詞です。活用形をしっかり覚えましょう。

España <u>es</u> una gran potencia en bellas artes.（スペインは芸術大国です。）（本文1行目）

El edificio del siglo XVIII <u>fue</u> rehabilitado en 1986.（18世紀の建物が1986年に手を加えられました。）（本文7～9行目）

タスク  ser の活用形を記しなさい。

| (1) 直説法現在 | (2) 直説法点過去 | (3) 直説法線過去 | (4) 直説法未来 |
|---|---|---|---|
|  |  | era |  |
|  |  |  | serás |
| es | fue |  |  |
|  |  |  | seremos |
| sois |  | erais |  |
|  | fueron |  |  |

【文法◆発展編】数詞（日付、世紀、王）

チェック  日付は「日＋月」の順で表します。世紀，王の「～世」はローマ数字で表記し，10までは序数詞，それ以上は基数詞を使うのが通例です。

el dos de mayo（5月2日）（本文36行目）

el siglo XVIII (dieciocho)（18世紀）（本文7行目）

Carlos IV (cuarto)（カルロス4世）（本文36行目）

タスク  次の語句をスペイン語に訳しなさい。

(1) 7月7日

(2) 21世紀

(3) フェリペ（Felipe）6世

マドリードの美術館

# Lección 5　　*El tráfico*

*AVE*

## マドリード，バルセロナの交通

**マ**ドリードには鉄道の主要駅が3つあります。**チャマルティン**（**Chamartín**），**プリンシペ・ピオ**（**Príncipe Pío**），**アトチャ**（**Atocha**）といいます。アトチャ駅は，**新幹線**（**AVE**）や近郊路線（**cercanías**）の電車が絶えず発着する，活気のある駅ですが，旧構内を思い切った方法でリフォームしたので有名です。WEB映像の最初にその様子が登場します。

　市内の移動には，**タクシー**（**taxi**），**バス**（**autobús**），**地下鉄**（**metro**）など，さまざまな手段があります。**空港**（**aeropuerto**）へも，地下鉄を利用すれば，渋滞知らずで，しかも安価に行くことができます。

　バルセロナも，市内の交通網が充実しています。最近拡張整備された空港が，空の玄関として，マドリード空港と競っています。

1 ¿Dónde estamos?

2 ¿En la selva tropical?

3 ¿En el invernadero de un jardín botánico?

4 No. Estamos en la estación de Atocha, una de las terminales

5 más importantes de RENFE.

6 Parece increíble que al lado de esta zona espaciosa haya mucho

7 movimiento de tráfico.

8 Subiendo a la primera planta, tenemos acceso a los nuevos

9 andenes.

10 Este es el AVE, tren de alta velocidad, que une y va uniendo las

11 principales ciudades españolas.

12 Este tablón anuncia la llegada de los trenes a Madrid.

13 Cuando bajas del tren, vas a coger un taxi.

14 ¡Pero cuántos taxis!

15 Los taxis de Madrid son blancos con una banda roja en la

16 puerta delantera.

---

◆語句ノート◆　空欄に記入しなさい。

2 **selva tropical** _____

3 **invernadero** 男 _____

3 **jardín botánico** _____

4 **Atocha**　アトーチャ（マドリードの主要駅の1つ）

4 **terminal** 女 _____

5 **RENFE**　スペイン国有鉄道（Red Nacional de Ferrocarriles Españolesの略）

6 **espacioso** _____

6 **haya** → haber　接続法現在 _____

8 **subiendo** → subir _____

8 **primera planta**　2階

9 **andén** 男 _____ 複andenes)

10 **AVE**　スペイン高速鉄道，新幹線（〈tren de〉 Alta Velocidad Española の略）

10 **une** → unir _____

10 **uniendo** → unir _____

12 **tablón** 男 _____

13 **taxi** 男 _____

15 **banda** 女 _____

16 **puerta delantera** _____

Mira cómo circulan los taxis y otros coches. 17

Este autobús de dos pisos sin techo es para los turistas. 18

Este normal es un autobús municipal. 19

Puedes viajar a cualquier sitio por un precio muy económico. 20

Pero si tienes mucha prisa y no quieres que te moleste el famoso 21 atasco, te sugiero tomar el metro. 22

Esta es la boca del metro. 23

Si viajas en metro, no hay pérdida, ya que para en todas las 24 estaciones. 25

AVE, RENFE, taxi, autobús, metro, automóvil... 26

Tienes diversos medios de transporte, pero el vehículo más 27 saludable y ecológico son tus pies. 28

¡A caminar! 29

---

◆語句ノート◆　空欄に記入しなさい。

17 **circulan** → circular _____

18 **autobús** 男 _____

18 **dos pisos** _____

18 **sin techo** _____

18 **turista** 男 女 _____

19 **este normal** = este (autobús) normal _____

21 **tener prisa**　急ぐ

21 **moleste** → molestar　接続法現在 _____

22 **sugiero** → sugerir _____

22 **metro** 男 _____

23 **boca** 女 _____

24 **pérdida** 女 _____
　　　（no haber pérdida 迷う心配がない）

24 **ya que**　なぜならば

24 **para** → parar（止まる、停車する）

26 **automóvil** 男 _____

27 **medio de transporte** _____

27 **vehículo** 男 _____

28 **pie** 男 _____

29 **a caminar**　歩こう

# Gramática 5

【文法◆基本編】 estar の活用

チェック estar は「〜の状態である」「〜にいる；ある」を表す基本動詞です。

¿Dónde estamos?（私たちはどこにいるのでしょうか？）（本文1行目）

Estoy satisfecho.（私は満足しています。）

タスク estar の活用形を記しなさい。

| (1) 直説法現在 | (2) 直説法点過去 | (3) 直説法線過去 | (4) 直説法未来 |
|---|---|---|---|
| estoy | | | estaré |
| | estuviste | | |
| | | estaba | |
| estamos | | estábamos | |
| | estuvisteis | | |
| | | | estarán |

【文法◆発展編】 分詞構文

チェック 現在分詞・過去分詞を使って，「〜すれば」「〜しながら」「〜するとき」のような句を含む文を作ることができます。これを分詞構文といいます。

Subiendo a la primera planta, tenemos acceso a los nuevos andenes.（2階に上がると，新しいプラットホームに行くことができます。）（本文8〜9行目）

Inaugurado en 1992, este museo nos ofrece obras tanto clásicas como contemporáneas.（この美術館は1992年に開設され，私たちに古今の作品を見せてくれます。）（第4課本文16〜17行目）

タスク 次の分詞構文を和訳しなさい。

(1) Subiendo a la segunda planta, encontraremos la sala de espera.

(2) Uniendo las principales ciudades, el AVE lleva a muchos viajeros.

(3) Inaugurada en el siglo XIX, la estación de Atocha es una de las terminales más importantes.

マドリードの交通

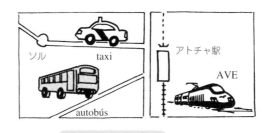

ソル　　taxi　　アトチャ駅　　AVE　　autobús

# Lección 6　*La vivienda*

*Una casa*

## スペインの住宅

　**都**会の人々は**マンション**（**piso**）住まいが一般的です。入口には常駐の**守衛**（**portero**）がいて，住人の暮らしをこまめにケアしてくれます。ちょっとしたマンションなら，専用の**プール**（**piscina**）などがついている点は，日本より豊かに感じられます。

　郊外に行くと，戸建の住宅が多くなります。**独立した家屋**（**chalé**）もありますが，目につくのは，細長い2階建ての建物を数戸に区切った**テラスハウス式の住宅**（**chalet adosado**）です。建材にはレンガが用いられることが多く，おしゃれな外観です。

　スペインの人の家は，どの部屋もとてもセンスよくまとまっているのに感心します。論より証拠，マドリード郊外に住む大学生クリスティーナさんの住まいを特別に見せてもらいましたので，その模様を本文とWEBの映像でご確認ください。

1 ¿Cómo son las casas en que viven los españoles?

2 ¿No tienes curiosidad de conocerlas?

3 Sí, ¿verdad?

4 Pues, Cristina, una chica joven que vive en la comunidad de

5 Madrid, te va a enseñar su casa.

6 ¡No pierdas esta ocasión!

7 *Cristina:* —Hola. Esta es mi casa.

8     ¿Quieres conocerla?

9     Ven, pasa, pasa.

10     Siéntete como en tu casa.

11     Este es el salón de mi casa.

12     Aquí es donde por las noches nos reunimos a charlar, a ver

13     la tele, y pasamos un tiempo juntos.

14     Cuando vienen los invitados, solemos comer en esta mesa

15     todos juntos, porque es más grande que la de la cocina.

---

◆**語句ノート**◆　　空欄に記入しなさい。

2 **curiosidad** 女 ........................

2 **conocerlas** = conocer + las

4 **comunidad** 女 ........................ （comunidad
　de Madrid マドリード州）

6 **pierdas** → perder　接続法現在 ........

6 **ocasión** 女 ........................

9 **ven** → venir　命令法 ........................

9 **pasa** → pasar　命令法 ........................

10 **siéntete** → sentirse　命令法 ........

11 **salón** 男 ........................

12 **por las noches**　夜に

12 **nos reunimos** → reunirse ........

12 **charlar** ........................

13 **tele** → televisión 女 ........................

13 **junto** ........................

14 **invitado** 男 ........................

14 **solemos** → soler ........................

15 **la de la cocina** = la (mesa) de la cocina

*Cristina:* —Este mueble lo ha hecho mi padre.  16

No es carpintero, pero se esfuerza.  17

Y estas figuritas, por ejemplo, las he pintado yo a mano.  18

Son muy bonitas, ¿no?  19

Esta es la cocina de mi casa.  20

Aquí es donde mis padres cocinan y nos reunimos para  21
comer por las noches.  22

Esta es mi habitación.  23

Aquí es donde duermo por las noches.  24

Tiene dos camas porque mi mejor amiga suele venir,  25
y se queda conmigo a dormir.  26

Todos estos peluches me los han regalado mis padres  27
y mis amigos.  28

¿Verdad que son preciosos?  29

Este es mi jardín.  30

A mi madre le encanta plantar flores y cuidarlas, aunque  31
trabaja todo el día y tiene muy poco tiempo.  32

Por eso a veces yo la ayudo.  33

---

◆語句ノート◆　　空欄に記入しなさい。

16 **ha hecho** → hacer _____  24 **duermo** → dormir _____

17 **se esfuerza** → esforzarse _____  26 **se queda** → quedarse _____

18 **figurita** → figura 女 _____  27 **peluche** 男 _____

18 **por ejemplo** _____  27 **han regalado** → regalar _____

18 **he pintado** → pintar _____  27 **padre** 男 _____ （複 padres 両親）

20 **cocina** 女 _____  32 **todo el día** _____

21 **cocinan** → cocinar _____  33 **por eso** _____

23 **habitación** 女 _____  33 **a veces** ときどき

# Gramática 6

【**文法◆基本編**】 tener の活用

チェック  tener（持つ）は，さまざまな熟語を作る便利な動詞です。

¿No <u>tienes</u> curiosidad de conocerlas?（君はそれらを知る好奇心を持っていませんか？ → 知りたくありませんか？）（本文2行目）

Mi madre <u>tiene</u> poco tiempo.（母はあまり時間がありません。）（本文31〜32行目）

タスク  tener の活用形を記しなさい。

| (1) 直説法現在 | (2)直説法点過去 | (3)直説法線過去 | (4)直説法未来 |
|---|---|---|---|
| tienes | | | tendrás |
| tiene | | tenía | |
| | | teníamos | |
| | tuvisteis | | tendréis |
| | tuvieron | | |

【**文法◆発展編**】 目的語前置文

チェック  目的語を動詞の前に置いて「〜について言えば」という意味を表すことができます。目的語は「〜を」「〜に」の代名詞で重複して表現します。

<u>Este mueble</u> lo ha hecho mi padre.（この家具は父が作りました。）（本文16行目）

<u>Estas figuritas</u> las he pintado yo.（これらの人形は私が彩色しました。）（本文18行目）

タスク  次の文の下線を引いた語句を文頭に置いて，文を改めなさい。

(1) Mi padre ha hecho <u>esta mesa</u>.

(2) Yo ayudo <u>a mi madre</u> a veces.

(3) Mis amigos me han regalado <u>estos peluches</u>.

住 宅

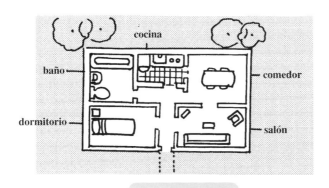

## Lección 7 — *Los bares y las tapas*

♪ 9

*Un bar*

---

### bar の機能

　**ス**ペインの**朝食**（desayuno）は，日本とそれほど変わらない時間帯にとりますが，**昼食**（**comida**）は午後2〜3時ごろ，**夕食**（**cena**）は午後9〜10時ごろと，大変遅くなります。人々はその合間に **bar** と呼ばれる**居酒屋兼喫茶店**に足を運んで，軽く飲んだり食べたりして，仲間とのおしゃべりに花を咲かせます。

　**bar** では，コーヒーやソフトドリンクも，アルコール類も注文できます。お酒の**つまみ**（**tapa**）はバラエティに富んでいます。**生ハム**（**jamón**），「**チョリソ**（**chorizo**）」と呼ばれるスパイシーな豚肉の腸詰め，**ジャガイモ入りのオムレツ**（**tortilla española**），**イカ**（**calamar**），**エビ**（**gamba**）などが代表です。**羊の乳で作ったチーズ**（**queso manchego**）や特産の**オリーブ**（**aceituna**）なども，ぜひご賞味ください。

28　（第7課 − 1）

1　Donde estamos ahora se llama el "Museo del Jamón".

2　Pero este no es un auténtico museo, sino un bar.

3　¡Pero cuántos jamones!

4　Son piernas de cerdo curadas.

5　Se sirven generalmente en lonchas finas y son riquísimas.

6　Los jamones colgados del techo tienen algo parecido a un

7　parasolcito en el extremo inferior.

8　Estos conos sirven para recibir la grasa que suda el jamón.

9　Los bares de España no tienen nada que ver con los "baa" de

10　Japón.

11　En primer lugar, están abiertos de día y de noche.

12　En segundo lugar, no solo se sirven bebidas alcohólicas sino

13　también cafés, tés, infusiones, zumos y refrescos, además de

14　tapas, bocadillos y otras comidas ligeras.

---

◆語句ノート◆　　空欄に記入しなさい。

1 **jamón** 男 _____

2 **auténtico** _____

2 **bar** 男 _____

4 **curado** _____

　　　　　　　（ここでは piernas を修飾）

5 **riquísimo** → rico _____

7 **parasolcito** → parasol 男 _____

8 **sirven** → servir _____

8 **suda** → sudar _____

9 **tener que ver con**　～と関係がある

11 **en primer lugar** _____

11 **abierto** → abrir _____

12-13 **no solo ... sino también**　...だけでなく～

　　　　もまた

12 **bebida alcohólica** _____

13 **infusión** 女 _____

14 **tapa** 女 _____

14 **bocadillo** 男 _____

En tercer lugar, son puntos de encuentro de los vecinos de todas las generaciones. 15 16

La gente suele tomar bebidas de pie, en el mostrador. 17

¡Qué maleducados!, ¿dices? 18

De ninguna manera. 19

Es costumbre tirar basura al suelo en los bares. 20

Es decir, los bares que tienen el suelo cubierto de basura son los mejores. 21 22

Si prefieres, puedes sentarte en una mesa dentro del local, o en la terraza al aire libre, como esta pareja joven. 23 24

Además del jamón, es casi una obligación probar las tapas: el queso, el chorizo, las aceitunas, los calamares, las gambas, o la tortilla española. 25 26 27

Ya es de noche. 28

Pero las terrazas de los bares siguen estando muy animadas con gente que sabe gozar de la vida. 29 30

¡Vivan los bares y las tapas! 31

---

◆語句ノート◆　空欄に記入しなさい。

15 **punto de encuentro** _____

17 **de pie** _____

18 **maleducado**　しつけが悪い，行儀が悪い

19 **de ninguna manera** _____

21 **cubierto → cubrir** _____

24 **al aire libre** _____

24 **pareja** 女 _____

25 **obligación** 女 _____

26 **queso** 男 _____

26 **chorizo** 男 _____

26 **aceituna** 女 _____

26 **calamar** 男 _____

26 **gamba** 女 _____

27 **tortilla** 女 _____

29 **siguen → seguir** _____

31 **vivan → vivir**　接続法現在 _____

# Gramática 7

【文法◆基本編】 poder の活用

チェック　poder は「～することができる」「～しても良い」などの意味を表します。

Si prefieres, <u>puedes</u> sentarte en una mesa.（お好みならテーブル席に座ることもできます。）

（本文 23～24 行目）

¿<u>Puedo</u> entrar?（入ってもいいですか？）

タスク　tener の活用形を記しなさい。

| (1) 直説法現在 | (2) 直説法点過去 | (3) 直説法線過去 | (4) 直説法未来 |
|---|---|---|---|
| puedo | | | podré |
| puedes | | | |
| | pudo | | |
| | pudimos | | podremos |
| | | podíais | |
| | | podían | |

【文法◆発展編】 否定文

チェック　否定文は動詞の前に no を付けて作ります。no... nada（何も……ない）のように，別の否定語とセットになることもあります。

Este <u>no</u> es un auténtico museo.（これはほんとうの博物館ではありません。）（本文2行目）

Los bares de España <u>no</u> tienen <u>nada</u> que ver con los "baa" en Japón.（スペインのバル（居酒屋）は日本の「バー」とは全く関係がありません。）（本文9～10行目）

タスク　次の肯定文を否定文に改めなさい。

(1) En los bares solo se sirven bebidas alcohólicas.

(2) Estos chicos son mal educados.

(3) ¿Los bares de España tienen algo que ver con los "bars" de los Estados Unidos?

タパス

tortilla　　　　chorizo　queso　　　　aceitunas

## Lección 8 — *Las fiestas y los toros*

10

*El toro y el torero*

---

### スペインの祭り

　バレンシアの火祭り（3月），セビリアの春祭り（4月），パンプロナの牛追い（7月）がスペインの三大祭りと呼ばれています。また謝肉祭（2月）や聖週間（3〜4月）には，各地で大がかりな催しがあります。最近は，ブニョルのトマト祭り（8月）も知られるようになりました。

　マドリードでは，守護聖人，**聖イシドロ**（**san Isidro**）の祝日の前後に，**闘牛**（**corrida de toros**）や踊り，コンサートなど，さまざまな催しが行われます。マドリード独特の**伊達男**（**chulapo**），**伊達女**（**chulapa**）の装いに身を包んだ人が街に繰り出したり，**マンサナレス**（**Manzanares**）河畔でピクニックを楽しんだりします。本文と<u>WEB</u>の映像で，お祭りのうきうきしたムードを味わってください。

1 ¡Qué animación y qué colorido!

2 Estamos en mayo, la época de San Isidro, las fiestas más

3 emblemáticas de Madrid.

4 Todos los días en estas fiestas, además de otras diversiones, se

5 celebran corridas de toros.

6 Esta plaza se llama Monumental, y está en Las Ventas.

7 El sueño de todos los toreros es enseñar su técnica en esta plaza

8 taurina delante de los espectadores más críticos del mundo.

9 Aquí está la ventanilla donde venden las entradas.

10 Hay asientos de sol, de sombra, y de sol y sombra.

11 ¿Cuál es más barato?

12 El de sol, porque te molesta la luz y el calor.

13 En el asiento de sol y sombra hay mucho sol al comienzo, pero

14 después entra la sombra.

15 Si ocupas un asiento de sombra, el más caro, puedes disfrutar al

16 cien por cien del drama de la vida y la muerte del toro y del

17 torero. ¡Olé!

18 ¡Mira qué monada de niños!

19 Los japoneses pensarán que estos niños se visten de flamenco,

20 pero no es así.

21 Se visten de chulapos, o sea típicos majos madrileños.

---

◆語句ノート◆　　空欄に記入しなさい。

2 **san Isidro**　聖イシドロ（マドリードの守護聖人）；　　16 **cien por cien**　100%
　 San Isidro その祭り（5月15日の前後）　　　　　　　16 **drama** 男

3 **emblemático** _____　　　　　19 **se visten** → vestirse _____

6 **Monumental**　モヌメンタル闘牛場（マドリードの　　21 **chulapo** 男 _____
　 Las Ventas 地区にある）　　　　　　　　　　　　21 **majo** 男 _____

Este es el vestuario de un chulapo y una chulapa. 22

¡Qué vestuario más chulo!, ¿no? 23

Chulapos y chulapas, ¡divertíos! 24

Vamos al centro de la villa a ver cómo pasa la gente estas fiestas. 25

Este es el símbolo de la ciudad. 26

Un oso erguido sobre un madroño. 27

Hemos llegado al pleno centro, la Puerta del Sol. 28

En el suelo hay una placa que marca el kilómetro cero. 29

De aquí se miden las distancias a todas las ciudades y regiones. 30

O sea, estamos en el ombligo de Madrid y de España. 31

¿Oyes una música? 32

Oh, hay una exhibición de baile en esta plaza. ¡Qué suerte! 33

Este baile se llama jota. 34

Este grupo ha venido de Aragón para festejar San Isidro. 35

¡Con qué alegría cantan y bailan! 36

¡Y qué bonito es el traje de los aragoneses! 37

Madrid, Aragón, y todas las regiones de España celebran fiestas 38

muy alegres que vale la pena ver, gozar y sobre todo participar 39

en ellas. 40

---

◆語句ノート◆　空欄に記入しなさい。

23 **chulo** _____

24 **divertíos** → divertirse　命令法 _____

28 **Puerta del Sol**　プエルタ・デル・ソル広場（マドリードの基点）

30 **miden** → medir _____

34 **jota** 女 _____

35 **Aragón**　アラゴン地方（スペイン東部）

37 **aragonés** 男　アラゴン地方の人

39 **valer la pena**　価値がある

39 **sobre todo**　特に

# Gramática 8

【文法◆基本編】haber の活用

チェック 「haber + 過去分詞」で完了形が作れます。また haber の３人称単数形は「〜がいる；ある」を表します（この場合，直説法現在では hay となります）。

Este grupo <u>ha</u> venido de Aragón.（このグループはアラゴン地方から来ました。）（本文35行目）

<u>Hay</u> asientos de sol, de sombre, y de sol y sombra.（日向席，「日向のち日陰」席，日陰席があります。）（本文10行目）

タスク haber の活用形を記しなさい。

| (1) 直説法現在 | (2) 直説法点過去 | (3) 直説法線過去 | (4) 直説法未来 |
|---|---|---|---|
| | hube | | |
| | | habías | |
| ha, hay | | | habrá |
| | | habíamos | |
| habéis | | | habréis |
| | hubieron | | |

【文法◆発展編】条件文

チェック 条件文は「si（もし〜なら）で始まる節（条件節）」＋「結びの節」から成るのが基本です。条件節は結びの節の後ろに置くこともできます。

<u>Si</u> ocupas un asiento de sombra, puedes disfrutar cien por cien del drama de la vida y la muerte.（日陰席に座れば，生と死のドラマを満喫できます。）（本文15〜17行目）

Puedes ver una exhibición de baile <u>si</u> vas a la Puerta del Sol.（プエルタ・デル・ソル広場に行けば踊りのショーを見ることができます。）

タスク 次の２つの文をつないで条件文を作りなさい。

(1) 条件：Ocupas un asiento de sol.　結び：Te molesta la luz y el calor.

(2) 条件：Vas a la Puerta del Sol.　結び：Puedes estar en el ombligo de Madrid.

(3) 条件：Sabes bailar.　結び：Tienes que participar en la fiesta.

マドリード
（ソルと闘牛場）

# Lección 9  *La Mezquita*

*Mezquita de Córdoba*

## 世界遺産メスキータ

スペインは8世紀以降，イスラム教徒に支配される時代が続きました。中でも南部の**アンダルシア**（**Andalucía**）地方には，今でもその影響が色濃く残っています。

この地方の主要都市の1つ，**コルドバ**（**Córdoba**）は，**カリフ**（**califa,** ムハンマドの正統な後継者）が治める後ウマイア朝の**カリフ国**（**califato**）の首都として，長くイスラム圏の政治・文化の中心でした。

コルドバの**メスキータ**（**Mezquita,** イスラム教寺院）には，**ミラブ**（**mihrab**）と呼ばれる壁の窪みがあります。聖地メッカの方角を示すもので，信者はこれを目標にして礼拝しました。今では，中央部がキリスト教の教会に改修された，不思議な建物になっています。内部だけでなく，「**オレンジの中庭**（**patio de los Naranjos**）」や鐘楼も必見です。

1 Columnas, columnas, columnas...

2 Estamos perdidos en un bosque de columnas y arcos

3 rojiblancos.

4 Son unas ochocientas cincuenta columnas que nos rodean con

5 una profunda emoción espiritual en la Mezquita de Córdoba.

6 La Mezquita fue fundada en el 788 (setecientos ochenta y ocho),

7 y se fue ampliando hasta que en el 987 (novecientos ochenta y

8 siete) cabían 25 000 (veinticinco mil) creyentes en su interior.

9 Esta parte se llama mihrab, y está orientada hacia La Meca.

10 El ornamento lujoso del techo nos indica que esta zona es

11 especial.

12 Es aquí donde los califas rezaron hacia el lugar santo.

13 En el centro de la Mezquita encontramos un espacio

14 discordante con su alrededor.

15 Es la catedral de Córdoba fundada después de la Reconquista.

16 Compara dos mundos diferentes: el del islamismo y el del

17 cristianismo.

---

◆**語句ノート**◆　空欄に記入しなさい。

1 **columna** 女 _____

3 **rojiblanco** _____

5 **mezquita** 女 _____

6 **fue** → ser　直説法点過去 _____

7 **fue** → ir　直説法点過去 _____

8 **cabían** → caber　直説法線過去 ____

9 **mihrab**　ミラブ（礼拝の目標となる壁の窪み）

9 **La Meca**　メッカ（イスラム教の聖地）

12 **califa** 男 _____

14 **discordante** _____

15 **catedral** 女 _____

16 **compara** → comparar　命令法 ____

16 **el del islamismo** = el (mundo) del isla-
mismo

Salimos al patio de los Naranjos. 18

¡Pero cómo pega el sol de Andalucía! 19

A través de los naranjos vemos el campanario de la iglesia, que 20
fue originalmente un minarete, desde donde recitaban el Corán. 21

Vamos a apreciar la torre desde otro ángulo. 22

Mira. Desde esta calleja de las Flores, dominamos una vista 23
pintoresca. 24

¿Quieres posarte ahí cuando termine aquella chica? 25

A propósito, ¿cómo es la imagen general de la Mezquita? 26

Para saberlo, hay que alejarnos hasta el puente romano, 27
defendido por la torre de la Calahorra. 28

Vista desde el exterior, la Mezquita parece como si fuera una 29
enorme fábrica. 30

Lo importante es el interior, tanto de la Mezquita como de las 31
personas. 32

Es uno de los símbolos de la época próspera de Córdoba, capital 33
del califato musulmán durante tres siglos, y una población de 34
más de medio millón de habitantes. 35

---

◆**語句ノート**◆　　空欄に記入しなさい。

18 **naranjo** 男 _____

19 **pega** → pegar _____

19 **Andalucía**　アンダルシア地方（スペイン南部）

21 **minarete** 男 _____

21 **Corán**　コーラン（イスラム教の聖典）

23 **calleja de las Flores**　花の小道

25 **termine** → terminar　接続法現在_____

26 **imagen general**　全景

27 **puente romano**　ローマ橋

28 **torre de la Calahorra**　カラオラの塔

29 **vista** → ver　過去分詞_____

29 **fuera** → ser　接続法過去_____

34 **califato** 男 _____

34 **musulmán** _____

# Gramática 9

【文法◆基本編】querer の活用

チェック querer（欲する）は、日常会話に欠かせない動詞です。

Quiero ver la Mezquita.（私はイスラム教寺院を見たいです。）

¿Quieres posarte ahí cuando termine aquella chica?（あの女性が終わったら，あそこに立ってポーズをとってくれませんか？）（本文25行目）

タスク querer の活用形を記しなさい。

| (1)直説法現在 | (2)直説法点過去 | (3)直説法線過去 | (4)直説法未来 |
|---|---|---|---|
| quiero | quise | | |
| quieres | | | |
| | | | querrá |
| | | queríamos | |
| | | queríais | querréis |
| | quisieron | | |

【文法◆発展編】関係詞を用いた文 ①

チェック que, donde などの関係詞は，節と節を関係づける働きをします。desde donde（そこから）のように前置詞を伴う用法に特に注意しましょう。

Son unas 850 columnas que nos rodean con una profunda emoción.（それらは深い感動を与えながら私たちを取り巻く約850本の柱です。）（本文4〜5行目）

El campanario fue originalmente un minarete, desde donde recitaban el Corán.（鐘楼は元はイスラム教寺院の塔で，そこからコーランが詠唱されていました。）（本文20〜21行目より）

タスク 関係詞を用いて１つの文を作りなさい。

(1) Vemos las columnas. ＋ Las columnas nos rodean.

_____

(2) La torre fue un minarete. ＋ Recitaban el Corán desde ahí.

_____

(3) ¿Quieres posarte cuando termine la chica? ＋ La chica está ahí.

_____

メスキータ

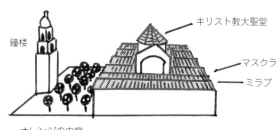

# Lección 10  *La Alhambra*

*Palacio de la Alhambra*

## 世界遺産アルハンブラ宮殿

　コルドバから南東に約120キロ行くと，**グラナダ（Granada）**の町に着きます。ここはイスラム教徒の支配が最も遅く（1492年）まで続いたところです。丘にそびえるアルハンブラ（**Alhambra**）宮殿には，滅びゆく王朝の美が凝縮されています。

　玉座の間の前に広がる「**天人花の中庭（patio de los Arrayanes）**」から，「**ライオンの中庭（patio de los Leones）**」へと宮殿は続きます。眼下には**アルバイシン（Albaicín）**地区や**サクロモンテ（Sacromonte）**地区の絶景が広がります。さらに奥に進むと，**ヘネラリフェ（Generalife）**離宮に至ります。

　アルハンブラ宮殿は，スペインで最も人気のある観光スポットで，入場制限があります。インターネット予約をしてから訪れましょう（日本からでも可能です）。

# Lectura 10

1 "Quien no ha visto Granada, no ha visto nada."

2 Los granadinos están muy orgullosos de su ciudad.

3 Pero mira el palacio de la Alhambra, bañado de la luz del sol

4 poniente, y de fondo Sierra Nevada.

5 No podrás menos de admitir que el refrán tiene razón.

6 Granada estuvo ocupado por los musulmanes hasta el último

7 momento de la Reconquista, que es el 2 (dos) de enero de 1492

8 (mil cuatrocientos noventa y dos).

9 Por tanto, esta ciudad alberga mucha herencia árabe, cuyo mejor

10 ejemplo es el palacio de la Alhambra, que acabamos de ver

11 desde lejos.

12 Ahora vamos a entrar en el palacio.

13 Esta es la sala del Trono, la sala más grande del palacio.

14 Mira el techo. Mira las paredes.

15 ¡Fíjate qué arabescos más cuidados!

16 Imagínate que en su época este suelo estaba cubierto de lujosas

17 alfombras, en las que se sentaban los reyes y sus súbditos, viendo

18 este patio.

---

◆語句ノート◆　空欄に記入しなさい。

1 **quien** ［関係代名詞］ _____

1 **ha visto** → ver　直説法現在完了 _____

3 **palacio de la Alhambra**　アルハンブラ宮殿

4 **de fondo**　奥に，バックに

5 **podrás** → poder　直説法未来 _____

5 **no poder menos de**　～せずにはいられない

5 **tener razón**　正しい、その通りである

6 **estuvo** → estar　直説法点過去 _____

7 **Reconquista**　国土再征服（イスラム教徒の支配地
をキリスト教徒が奪還すること）

9 **por tanto**　従って、だから

9 **alberga** → albergar

9 **herencia**〔女〕

9 **cuyo**［関係形容詞］

13 **sala del Trono**　玉座の間

15 **fíjate** → fijarse　命令法 _____

16 **imagínate** → imaginarse　命令法 _____

17 **se sentaban** → sentarse　直説法過去 _____

17 **súbdito**〔男〕 _____

17 **viendo** → ver _____

Este patio se llama de los Arrayanes, porque el estanque está 19
rodeado de arbustos del mismo nombre. 20
¿A quién se le ocurrió inventar este espacio tan original? 21

Este es el patio de los Leones. 22
Se llama así por las doce figuras de animales que sostienen 23
la pila de la fuente que está en el centro. 24
No parecen muy fieros, ¿verdad? 25
Mira qué delicadeza de columnas y el techo que nos recuerdan 26
las estalactitas de una cueva. 27

De esta ventana vemos el impresionante panorama del barrio de 28
Albaicín, antigua zona residencial de los nobles. 29
Allí está la plaza de San Nicolás, desde donde veíamos este 30
palacio. 31
¿Ves aquellas bocas de las cuevas? 32
Son las cuevas de Sacromonte, donde se baila flamenco por 33
las noches. 34

Estamos en el Generalife. 35
Es un recinto aparte del palacio, donde veraneaban los reyes 36
musulmanes. 37
El agua y las plantas interpretan una armonía sin igual. 38

---

◆語句ノート◆　　空欄に記入しなさい。

19 **arrayán** 男 _____

19 **estanque** 男 _____

20 **arbusto** 男 _____

21 **se... ocurrió** → ocurrirse 直説法点過去 _____

22 **león** 男 _____

26 **estalactita** 女 _____

28 **panorama** 男 _____

28-29 **barrio de Albaicín**　アルバイシン地区

30 **veíamos** → ver 直説法線過去 _____

35 **el Generalife**　ヘネラリフェ離宮

36 **recinto** 男 _____

36 **veraneaban** → veranear 直説法線過去 _____

38 **sin igual**　並はずれた、比類ない

# Gramática 10

【文法◆基本編】ir の活用

チェック　ir は「行く」だけでなく、「ir a + 動詞原形」で未来形に相当する形式も作れる便利な動詞です。

　　Mañana <u>voy</u> a Granada.（私は明日グラナダに行きます。）

　　Ahora <u>vamos</u> a entrar en el palacio.（では宮殿に入りましょう。）（本文12行目）

タスク　ir の活用形を記しなさい。

(1) 直説法現在　　(2)直説法点過去　　(3)直説法線過去　　(4)直説法未来

voy

　　　　　　　　　fuiste

　　　　　　　　　fue　　　　　　　　　　　　　　　irá

vamos　　　　　　　　　　　 íbamos

　　　　　　　　　　　　　　ibais

　　　　　　　　　　　　　　　　　　　　　　　　irán

【文法◆発展編】関係詞を用いた文 ②

チェック　quien は先行詞なしで用いることができます。また cuyo は所有者を先行詞にとります。こういう関係詞は、主に改まった文章で用いられます。

　　<u>Quien</u> no ha visto Granada, no ha visto nada.（グラナダを見たことがない人は、何も見たことがないのも同然です。）（本文1行目）

　　Esta ciudad alberga mucha herencia árabe, <u>cuyo</u> mejor ejemplo es la Alhambra.（この都市はアラブの影響を色濃く残しています。その最も良い例はアルハンブラ宮殿です。）（本文9〜11行目）

タスク　空欄に関係詞を入れて文を完成させなさい。

(1) [　　　　　　　　　　] no ha visto Granada, no ha visto nada.

(2) La chica [　　　　　　　　　] está ahí vive en el barrio de Albaicín.

(3) Aquí hay un palacio [　　　　　　　　　] techo nos recuerda las estalactitas.

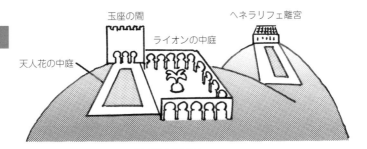

アルハンブラ宮殿

玉座の間　　ヘネラリフェ離宮

ライオンの中庭

天人花の中庭

# Lección 11 — *Córdoba y Granada*

*Girasoles*

## アンダルシア旅情

コルドバの歴史は，古代ローマにさかのぼります。イスラム教寺院も**王城（alcázar）**も，ローマ人が建設した土台の上に建てられています。「ローマとイスラムの系譜を引く沈黙のコルドバ」と詩にうたわれたゆえんです。

一方，哀愁が漂うグラナダは，「すすり泣く秘めた水」とうたわれていますが，現代の若者は底抜けに陽気です。市の中心，**ビブランブラ（Bib-Rambla）**広場に接して，アラブ風の**アルカイセリア（Alcaicería）**商店街と，キリスト教の**大聖堂（catedral）**があります。2つの文化が共存する情景です。

2つの都市を結ぶ街道には，アンダルシア地方ならではの景色が展開します。特に見渡す限りのひまわり畑は圧巻です。WEBの映像でスペイン旅情を味わってください。

# Lectura 11

1 ¿Córdoba es la Mezquita, y nada más?

2 ¿Granada es solo la Alhambra?

3 No. Naturalmente las dos ciudades tienen muchos más encantos.

4 Empecemos por Córdoba, "romana, mora y callada".

5 A poca distancia de la Mezquita está el majestuoso Alcázar

6 construido por los reyes musulmanes y reformado por los reyes

7 cristianos.

8 En el interior hay muchos salones, y baños de estilo árabe.

9 De la torre dominamos el panorama de la ciudad.

10 ¿Divisas la torre de la Mezquita? Mira, allí está.

11 Bajamos al jardín. ¡Qué lujo!

12 La armonía de la luz, el agua y las flores las podemos observar

13 también en los patios de las casas de los ciudadanos.

14 Los patios ofrecen la frescura imprescindible para pasar el

15 caluroso verano andaluz.

16 Las calles y las plazas también forman parte del encanto de

17 la capital del califato.

18 Pero ya es hora de abandonar Córdoba con destino a Granada.

19 A ambos lados de la carretera se ven olivos, aldeas blancas,

20 rebaños de cabras, y... ¡girasoles!

21 Esto es Andalucía.

---

◆語句ノート◆　　空欄に記入しなさい。

4 **empecemos** → empezar　接続法現在 _____

4 **Córdoba, "romana, mora y callada"**「ロー
マとイスラムの系譜を引く沈黙の」コルドバ（Manuel
Machado の詩より）

10 **divisas** → divisar _____

12 **las** = la armonía de la luz, el agua y las
flores（直近の語の性数と一致している）

17 **capital del califato** = Córdoba

18 **abandonar** _____

20 **girasol** 男 _____

Ya hemos llegado a Granada, "agua oculta que llora".　22

Aquí también notamos mucha influencia árabe, por ejemplo, en　23

esta galería de comercios que se llama Alcaicería, se venden　24

artículos del mundo árabe.　25

Después de la Reconquista, los cristianos construyeron una　26

catedral gigantesca en el centro de la ciudad para ostentar la　27

supremacía de su religión.　28

Al lado de la catedral está la plaza Bib-Rambla, donde la gente　29

disfruta del sol y del aire fresco.　30

En invierno se venden churros calientes, y en verano helados de　31

toda variedad.　32

Vamos a una calle comercial que pasa por esta plaza.　33

¡Qué animación!　34

¡Oh! Unas chicas granadinas quieren saludarte.　35

*Desi*:— Hola, ¿qué tal? ¿Cómo estás?　36

Me llamo Desi. Y tú, ¿cómo te llamas?　37

En Granada tenemos la Alhambra.　38

Y tú, ¿qué me recomendarías visitar?　39

¡Gracias, chicas! ¡Hasta luego!　40

¡Qué simpáticas!, ¿no?　41

---

◆語句ノート◆　　空欄に記入しなさい。

22 **Granada, "agua oculta que llora"**「すすり
泣く秘めた水」のグラナダ（Manuel Machado の
詩より）

24 **galería de comercios**　商店街

24 **Alcaicería**　アルカイセリア（商店街の名前）

26 **Reconquista**　国土再征服（→第10課）

26 **construyeron** → construir _____

28 **supremacía** 囡 _____

29 **plaza Bib-Rambla**　ビブランブラ広場

31 **churro** 團 _____

39 **recomendarías** → recomendar 直説法過去
　　未来 _____

# Gramática 11

【文法◆基本編】 ar 動詞の活用

チェック 動詞の中で最も多いのは、原形が ar で終わるタイプです。この課の本文に使われている ar 動詞を探してみましょう。

De la torre <u>dominamos</u> el panorama de la ciudad.（塔から市街の全景が見渡せます。）（dominar〈支配する、見渡す〉、本文9行目）

Ya <u>hemos llegado</u> a Granada.（もうグラナダに着きました。）（llegar〈到着する〉、本文22行目）

タスク dominar（支配する、見渡す）の活用形を記しなさい。

| (1) 直説法現在 | (2) 直説法点過去 | (3) 直説法線過去 | (4) 直説法現在完了 |
|---|---|---|---|
| domino | | | he dominado |
| | dominaste | | |
| | dominó | | |
| dominamos | | dominábamos | |
| | | dominabais | habéis dominado |
| | | | |

【文法◆発展編】 婉曲表現

チェック 直説法過去未来の形を使うと、「～なのですが」「～でしょうか？」のように、語調を和らげることができます。日本語の敬語の役割も果たせます。

<u>Desearía</u> hablar con usted.（あなたと話がしたいのですが。）

En tu ciudad, ¿qué me <u>recomendarías</u> visitar?（君の町では、どこを見るのがお勧めか、教えてくれない？）（本文39行目）

タスク 下線部の動詞を直説法過去未来に改めて、婉曲表現を作りなさい。

(1) <u>Deseo</u> visitar el alcázar de Córdoba.

(2) En esta galería de comercios, ¿qué me <u>recomienda</u> usted comprar?

(3) ¿<u>Puedo</u> hacerle una pregunta?

コルドバとグラナダ

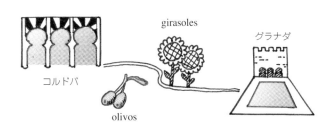

コルドバ
olivos
girasoles
グラナダ

*Estadio Camp Nou*

## マドリードとバルセロナのサッカーチーム

　**ス**ペインの**サッカー**（**fútbol**）のレベルの高さは，よく知られています。強豪**レアル・マドリード**（**Real Madrid**）は，クラブカラーが白であるところから「メレンゲ・チーム」と呼ばれることもあります。外国人の有名選手を集めた豪華なメンバーが特徴です。

　その好敵手は，赤と青の縦じまのユニフォームの**フットボール・クラブ・バルセロナ**（**Fútbol Club Barcelona**）です。こちらも国内リーグだけでなく，国際試合でもすばらしい戦績をあげています。

　マドリード市とバルセロナ市には，それぞれもう1つ，プロ1部リーグの常連チームがあります。**アトレティコ・デ・マドリード**（**Atlético de Madrid**）と**エスパニョール**（**Espanyol**）です。こちらも市民の中に根強いファンを持っています。

1 Sin duda, el fútbol es el deporte número uno de los españoles.
2 Cuando se disputan partidos importantes, mucha gente se reúne
3 en los bares para verlos con sus amigos en la televisión.
4 ¿Ves?
5 Aquí se siente tanto calor como en el estadio.

6 La Liga Española consta de veinte equipos de primera división,
7 y veinte de segunda división A, seguidos de ochenta equipos de
8 segunda división B.

9 Pero esto no es todo.
10 Todavía sigue la tercera división, formada por trescientos
11 cuarenta equipos.
12 De ahí que no haya español que no tenga ningún pariente que
13 juegue al fútbol como profesional.

14 Estamos delante del estadio Santiago Bernabéu, la casa de
15 los merengues, o sea, del Real Madrid.

◆語句ノート◆　空欄に記入しなさい。

1 **sin duda** ____
1 **fútbol** 男 ____
2 **disputan** → disputar ____
2 **partido** 男 ____
2 **se reúne** → reunirse ____
5 **siente** → sentir ____
5 **tanto... como** ～と同じくらいたくさんの ...
6 **Liga Española** スペインリーグ
6 **equipo** 男 ____
6 **división** 女 ____

10 **sigue** → seguir ____
12 **de ahí que** だから（＋接続法）
12 **haya** → haber 接続法現在 ____
12 **tenga** → tener 接続法現在 ____
13 **juegue** → jugar 接続法現在 ____
14 **estadio** 男 ____
14 **Santiago Bernabéu** サンティアゴ・ベルナベウ（競技場）
15 **merengue** 男 ____
15 **Real Madrid** レアル・マドリード

Acoge a casi ciento diez mil espectadores, casi todos madridistas 16 naturalmente. 17

Durante la época futbolística se oyen alaridos y clamores de los 18 aficionados a este deporte en todos los estadios de España. 19

Y ahora vamos volando a la sede de uno de los rivales más 20 fuertes del Real Madrid: el estadio Camp Nou, del Fútbol Club 21 Barcelona o Barça, equipo mundialmente famoso por su 22 fuerza. 23

En Barcelona hay otro equipo importante, que es el Espanyol, 24 cuya sede ha sido hasta hace poco el estadio olímpico, que fue 25 el escenario de la Olimpiada en 1992 (mil novecientos noventa 26 y dos). 27

◆語句ノート◆　空欄に記入しなさい。

16 **acoge** → acoger _____

16 **madridista** 男女 _____

18 **futbolístico** _____

18 **oyen** → oír _____

18 **alarido** 男 _____

18 **clamor** 男 _____

19 **aficionado** 男 _____ (+ a)

20 **volando** → volar _____

20 **sede** 女 _____

20 **rival** 男女 _____

21 **Camp Nou** カンプ・ノウ（競技場）

21-22 **Fútbol Club Barcelona** フットボール・ク
　　　　ラブ・バルセロナ（愛称 Barça バルサ）

24 **Espanyol** エスパニョール

25 **cuya** → cuyo［関係形容詞］_____ (→第10課)

25 **ha sido** → ser　直説法現在完了 _____

25 **hasta hace poco**　最近まで

25 **fue** → ser　直説法点過去

26 **escenario** 男 _____

26 **Olimpiada**　オリンピック大会

## Gramática 12

【文法◆基本編】er 動詞の活用

チェック 原形が er で終わる動詞の中にも重要なものがたくさんあります。

El estadio acoge a 110.000 espectadores.（そのスタジアムは 11 万人を収容できます。）
（acoger〈受け入れる〉、本文 16〜17 行目）

Aquí se venden artículos del mundo árabe.（ここではアラブ世界の品々が売られています。）
（vender〈売る〉、第 11 課本文 23〜25 行目）

タスク vender（売る）の活用形を記しなさい。

| (1) 直説法現在 | (2) 直説法点過去 | (3) 直説法線過去 | (4) 直説法現在完了 |
|---|---|---|---|
|  | vendí |  |  |
|  |  | vendías | has vendido |
|  |  |  | ha vendido |
| vendemos | vendimos |  |  |
|  |  | vendíais |  |
| venden |  |  |  |

【文法◆発展編】接続法 ①

チェック 接続法は願望、疑い、仮定など、頭の中に思い描いている事柄を述べるのに使います。次の文には接続法の形が 3 つ現われています。ここでは haya は de ahí que（だから）に導かれています。また、tenga と juegue は否定を伴う先行詞に導かれています。

De ahí que no haya español que no tenga ningún pariente que juegue al fútbol como pro-fesional.（だからプロとしてサッカーをする親戚が 1 人もいないスペイン人はいません。）（本文 12〜13行目）

タスク 動詞を接続法に改めて文を完成させなさい。

(1) No tengo ningún pariente que [ *jugar* ] al fútbol como profesional.

(2) No hay español que no [ *ser* ] aficionado al fútbol.

(3) De ahí que los estadios siempre [ *estar* ] llenos.

マドリードと
バルセロナ

F. C. Barcelona

Real Madrid

# Lección 13 La universidad

♪ 15

*Universidad de Alcalá*

## アルカラ大学と「黄金世紀」

**文**芸の「黄金世紀（**Siglo de Oro**）」（→ 第4課）には，マドリード州にある**アルカラ大学**（**Universidad de Alcalá**）ゆかりの人々が目覚ましい貢献をしました。

ティルソ・デ・モリナ（**Tirso de Molina**），ケベド（**Francisco de Quevedo, 1580〜1645**），ロペ・デ・ベガ（**Lope de Vega, 1562〜1635**），カルデロン（**Pedro Calderón de la Barca, 1600〜1681**）は，数々の文学の名作を残しました。ロヨラ（**Ignacio de Loyola,1491〜1556**），聖フアン・デ・ラ・クルス（**san Juan de la Cruz, 1542〜1591**）は宗教家として活躍しました。

また，黄金世紀より少し前にここで教鞭をとった**ネブリハ**（**Antonio de Nebrija, 1444〜1522**）は，「アルカラ版 多言語訳聖書（**Biblia Políglota Complutense**）」の編纂など，言語学の分野で後世に大きな影響を与えました。

1 ¿Te gusta el español?

2 ¿Piensas estudiarlo algún día en España?

3 Pero ¿cómo son las universidades españolas?

4 Veamos un ejemplo.

5 Mira. Esta es la fachada de una universidad.

6 ¡Qué majestuosa!, ¿no?

7 Esta universidad se llama Universidad de Alcalá.

8 Fue fundada en 1499 (mil cuatrocientos noventa y nueve) por el

9 cardenal Cisneros.

10 Aquí estudió o impartió clases gente tan importante como

11 Tirso de Molina, Quevedo, Lope de Vega, Calderón de la Barca,

12 Nebrija, san Ignacio de Loyola, san Juan de la Cruz...

13 Algunos de ellos colaboraron en la realización de la Biblia

14 Políglota Complutense, que es la culminación de la sabiduría

15 del Siglo de Oro.

---

◆語句ノート◆　空欄に記入しなさい。

2 **algún día**　いつか

3 **universidad** 囡 _____

4 **veamos** → ver・接続法現在 _____

5 **fachada** 囡 _____

9 **cardenal** 男 _____ （cardenal
　　Cisneros シスネロス枢機卿、1436〜1517）

10 **estudió** → estudiar _____

10 **impartió** → impartir _____

11 -13 **Tirso de Molina**　ほか　ティルソ・デ・
　　モリナ（1579〜1648）ほかスペイン黄金世紀

の文人

13 **colaboraron** → colaborar _____

13 **realización** 囡 _____

13 **biblia** 囡 _____

14 **polígloto** _____

14 **complutense**　アルカラ・デ・エナレス（Alcalá
　　de Henares）の（古名 Complutum より）

14 **culminación** 囡 _____

14 **sabiduría** 囡 _____

15 **Siglo de Oro**　黄金世紀（→ 第4課）

En 1977 (mil novecientos setenta y siete) estos edificios ₁₆ renacieron como sede de la universidad, y actualmente estudian ₁₇ más de 18 000 (dieciocho mil) alumnos en estos edificios ₁₈ históricos totalmente rehabilitados. ₁₉

Este es el Colegio de Caracciolos, y abarca la Facultad de ₂₀ Filosofía y Letras. ₂₁

Y este se llama Colegio de Trinitarios, que es un antiguo ₂₂ convento reformado para el Centro de Lenguas Extranjeras y ₂₃ otros centros de enseñanza e investigación. ₂₄
Es aquí donde estudian la lengua y la cultura japonesa los ₂₅ alumnos alcalaínos. ₂₆

La singular importancia de esta universidad permite que en ₂₇ 1998 (mil novecientos noventa y ocho) la Unesco le otorgue ₂₈ a Alcalá de Henares el título de Ciudad Patrimonio de la ₂₉ Humanidad. ₃₀

---

◆語句ノート◆　空欄に記入しなさい。

₁₇ **renacieron** → renacer _____

₁₇ **sede** 女 _____

₁₉ **rehabilitados** → rehabilitar _____

₂₀ **colegio** 男 _____

₂₀ **Colegio de Caracciolos**　カラチオロス館

₂₀ **abarca** → abarcar _____

₂₁ **Facultad de Filosofía y Letras**　文学部

₂₂ **Colegio de Trinitarios**　トリニタリオス館

₂₃ **convento** 男 _____

₂₃ **lengua extranjera** _____

₂₄ **enseñanza** 女 _____

₂₄ **investigación** 女 _____

₂₆ **alcalaíno**　アルカラ・デ・エナレスの

₂₇ **singular** _____

₂₇ **permite** → permitir _____

₂₈ **Unesco**　[ウネスコ] ユネスコ（国連教育
科学文化機構）

₂₈ **otorgue** → otorgar　接続法現在 _____

₂₉ **patrimonio** 男 _____

₃₀ **humanidad** 女 _____

# Gramática 13

【文法◆基本編】 ir 動詞の活用

チェック 原形が ir で終わる動詞は、er で終わるタイプと同じくらいの種類があります。

¿Cómo son las casas en que <u>viven</u> los españoles?（スペイン人が住む家はどのようになっているのでしょうか?）（vivir〈住む、生きる〉、第6課本文1行目）

Aquí <u>impartió</u> clases mucha gente importante.（有名な人々がここで講義をしました。）（impartir〈授業を行う〉、本文10〜12行目より）

タスク vivir（住む、生きる）の活用形を記しなさい。

| (1) 直説法現在 | (2) 直説法点過去 | (3) 直説法線過去 | (4) 直説法現在完了 |
|---|---|---|---|
| | | vivía | |
| vives | | | |
| | vivió | | |
| | | vivíamos | |
| | vivisteis | | habéis vivido |
| viven | | | han vivido |

【文法◆発展編】 接続法 ②

チェック querer（欲する）、permitir（許す）、prohibir（禁じる）のような願望・意思を表す動詞が「que + 従属節」という形を従えるとき、従属節の動詞は接続法になります。

Si no <u>quieres</u> que te <u>moleste</u> el atasco, te sugiero tomar el metro.（渋滞に悩まされるのがいやなら、地下鉄に乗ることをお勧めします。）（第5課本文21〜22行目）

La importancia de esta universidad <u>permite</u> que la UNESCO le <u>otorgue</u> a Alcalá el título.（この大学の重要性のために、ユネスコはアルカラ市にその称号を与えることになりました。）（本文27〜30行目）

タスク 動詞を接続法に改めて文を完成させなさい。

(1) No quiero que me [ *molestar* ] los niños.

(2) Te permito que [ *estudiar* ] más lenguas extranjeras.

(3) Le prohíben que [ *impartir* ] clases en la Facultad de Filosofía y Letras.

アルカラ大学

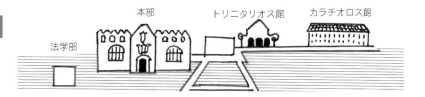

# Lección 14　*Alcalá de Henares*

*Don Quijote y Sancho Panza*

## アルカラが生んだセルバンテス

　**ス**ペイン文学の最高峰「ドン・キホーテ（**Don Quijote**）」の作者**セルバンテス**（**Miguel de Cervantes**）は，**アルカラ・デ・エナレス**（**Alcalá de Henares**）で生まれました。出生時の洗礼に用いた聖水盤が，今も残っています。また市中には，その生家を再現した博物館があります。旧市街のメインストリート，**マヨール街**（**calle Mayor**）は，セルバンテスが幼年時代を過ごしたころと変わらぬ姿をとどめています。

　セルバンテスはレパントの海戦（1571）で負傷し，その後，海賊に捕らえられ北アフリカで捕虜生活を余儀なくされましたが，帰国後も失意の日々が続きました。「ドン・キホーテ」の乾いたユーモアは，その苦しい人生経験が昇華して生まれたものです。正編（1605）は大評判をとり，贋作（がんさく）まで現れました。セルバンテスは続編（1615）を著した翌年に世を去りました。

1 Alcalá de Henares está en la comunidad de Madrid.

2 Esta ciudad, de unos doscientos mil habitantes, tiene el título

3 de Ciudad Patrimonio Cultural de la Humanidad.

4 Desde aquí dominamos el panorama del casco antiguo.

5 Rodeada de edificios antiguos se ve una plaza de forma

6 rectangular que se llama plaza de Cervantes.

7 En el centro de la plaza yergue la estatua de Miguel de

8 Cervantes, la figura más importante de la literatura española.

9 El novelista nació en esta ciudad el año 1547 (mil quinientos

10 cuarenta y siete).

11 Fue bautizado en la capilla del Oidor, cuyo exterior estamos

12 viendo desde arriba.

13 Aquí se guarda todavía la pila que se usó para su bautismo.

◆**語句ノート**◆　　空欄に記入しなさい。

1 **comunidad de Madrid**　マドリード州

3 **Ciudad Patrimonio Cultural de la Humanidad** → 第13課

4 **casco antiguo**　旧市街

5 **rodeada** → rodear

6 **rectangular**

7 **yergue** → erguir

7 **estatua**(女)

7-8 **Miguel de Cervantes** → 第3課

8 **figura**(女)

8 **literatura**(女)

9 **novelista**(男)(女)

11 **bautizado** → bautizar

11 **capilla**(女)

11 **oidor**(男)　[古] 裁判官

13 **guarda** → guardar

13 **pila**(女)　聖水盤

13 **bautismo**(男)

Cervantes pasó su infancia en esta casa. 14
Actualmente es el Museo Casa Natal de Cervantes donde 15
podemos apreciar cómo era la vida de los siglos XVI (dieciséis) 16
y XVII (diecisiete). 17

En este banco hay dos personas que te invitan a que te sientes. 18
Se trata de las estatuas de don Quijote y Sancho Panza. 19
Los turistas posan ante la cámara con estos personajes 20
cervantinos. 21

Esta es la calle Mayor, la más larga de España soportada. 22
Guarda perfectamente el ambiente de la Edad Media. 23

Esta puerta, la Puerta de Madrid, es la antigua frontera de la 24
ciudad. 25
La carretera que sale de esta puerta conecta Alcalá con Madrid. 26

La ciudad fue rodeada por estas murallas antiguamente. 27
Hoy en día se realiza un gran esfuerzo para conservar estos 28
monumentos históricos. 29

---

◆語句ノート◆　空欄に記入しなさい。

14 **infancia** 囡 _____

15 **casa natal**　生家

16 **apreciar** _____

16 **era** → ser　直説法線過去 _____

18 **banco** 團　ベンチ；銀行

18 **invitan** → invitar（〜するよう誘う）（＋a）

18 **te sientes** → sentarse　接続法現在 _____

19 **se trata** → tratarse（〜に関することである）（＋de）

19 **don Quijote** ほか → 第3課

20 **posan** → posar _____

21 **cervantino**　セルバンテスの

22 **calle Mayor**　マヨール街（中央街）

22 **soportado** → soportar _____

23 **Edad Media**　中世

26 **carretera** 囡

27 **muralla** 囡 _____

# Gramática 14

【文法◆基本編】比較級・最上級

チェック 比較級・最上級は más を用いて表すのが基本です。

① 比較級：Esta mesa es <u>más</u> grande que la de la cocina.

　　（このテーブルはキッチンのよりも大きいです。）（第 6 課本文14～15行目）

② 最上級：Esta calle es la <u>más</u> larga de España soportada.

　　（この通りはスペイン最長の屋根付きの通りです。）（本文22行目）

タスク 空欄を埋めて文を完成させなさい。

(1) Esta mesa es [　　　　　　　　] [　　　　　　　　] que la del comedor.

　　（このテーブルはダイニングルームのよりも小さいです。）

(2) Esta capilla es [　　　　　　　] [　　　　　　　] que aquel museo.

　　（この礼拝堂はあの博物館より古いです。）

(3) Cervantes es la figura [　　　　　　　] [　　　　　　　] de la literatura española.

　　（セルバンテスはスペイン文学で最も重要な人物です。）

【文法◆発展編】間接疑問文

チェック 別の文の一部となった疑問文を間接疑問文といいます。疑問文の２つの型（→第 1 課【文法◆基本編】）に対応しています。

①型： Podemos apreciar <u>cómo era la vida del siglo XVI</u>.

　　（16世紀の暮らしがどのようであったかを味わうことができます。）（本文15～17行目）

②型： Pregúntale <u>si Cervantes nació en esta casa</u>.

　　（セルバンテスがこの家で生まれたのかどうか、あの人に尋ねてください。）

タスク 次の２つの文を用いて、間接疑問文を含む文を作りなさい。

(1) ¿Cómo era la vida de la Edad Media?　＋　Se puede apreciarlo.

_____

(2) ¿Cervantes fue bautizado en esta capilla?　＋　Pregúntaselo.

_____

(3) ¿Son las estatuas de don Quijote y Sancho Panza?　＋　¿Lo sabes?

_____

アルカラ・デ・エナレス

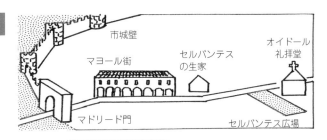

# Lección 15    *Las cigüeñas*

*Cigüeñas*

## スペインの動物

　**サ**ル（**mono**）は私たちにとって親しい動物ですが，スペインにはほとんどいません。イベリア半島南端の英領**ジブラルタル**（**Gibraltar**）に野生の群れがいる程度です。また日本の夏の風物詩の**セミ**（**cigarra**）の合唱も，スペインでは一般的ではありません。

　一方，**オオカミ**（**lobo**）は日本では明治時代に滅びてしまいましたが，スペインでは山岳地帯に，わずかながらまだ生息しています。また，我が国では絶滅の危機にある**コウノトリ**（**cigüeña**）は，スペインではたくさん見られます。特にアルカラ・デ・エナレス市では，にぎやかな街中で人間と共存しています。

　コウノトリが悠々と大空を舞う姿，くちばしを鳴らす求愛の歌，かわいいヒナの様子などをWEBの映像でお楽しみください。

# Lectura 15

1 ¿Cómo se llaman esas aves?

2 Sí, son cigüeñas.

3 Es una especie que casi se extingue en Japón, pero España es

4 todavía un paraíso para ellas.

5 Sobre todo, en Alcalá de Henares viven muchas cigüeñas en

6 pleno centro de la ciudad, como si fueran gorriones o palomas

7 gigantes.

8 ¿Ves? Ahí hay otras.

9 Aquí está otra pareja.

10 Allí anidan otras.

11 Puedes encontrar sus nidos en casi todas las torres de los

12 colegios y de las iglesias.

13 Mira cómo vuela.

14 Quizá por eso es por lo que hay muchos bebés en esta ciudad.

◆語句ノート◆    空欄に記入しなさい。

1 **ave** 女 _____

2 **cigüeña** [シグエニャ] 女 _____

3 **especie** 女 _____

3 **se extingue** → extinguirse _____

4 **paraíso** 男 _____

5 **sobre todo**　特に _____

6 **pleno** _____

6 **fueran** → ser　接続法過去 _____

6 **gorrión** 男 _____

6 **paloma** 女 _____

10 **anidan** → anidar _____

11 **nido** 男 _____

11 **torre** 女 _____

12 **colegio** 男 _____

12 **iglesia** 女 _____

13 **vuela** → volar _____

14 **quizá** _____

14 **por eso es por lo que**　そういう訳で〜なの
　　だ（→ 第16課【文法◆発展編】）

15 **bebé** 男 _____

Esta es la Catedral Magistral. ₁₅

Aquí también hay muchos nidos de cigüeñas. ₁₆

¿Oyes? Con su pico, un macho está dedicando una canción de ₁₇ amor a su novia. ₁₈

Al lado del monasterio de San Bernardo donde también anidan ₁₉ estos pájaros, yergue el majestuoso Palacio Arzobispal. ₂₀

En el recinto de este palacio hay una torre abandonada, que se ₂₁ ha convertido en un piso lujoso para las cigüeñas. ₂₂

Todas las parejas tienen bebés. ₂₃

¡Qué monos!, ¿verdad? ₂₄

Los nidos de estas aves pesan tanto que pueden causar daños a ₂₅ los tejados. ₂₆

Pero todos los alcalaínos cuidan mucho a las cigüeñas, porque ₂₇ son el símbolo de la ciudad y traen felicidad y paz. ₂₈

---

◆語句ノート◆　空欄に記入しなさい。

15 **Catedral Magistral**　聖職者養成所を兼ねる大
聖堂

17 **pico** 男 _____

17 **macho** 男 _____

17 **dedicando** → dedicar _____

19 **monasterio de San Bernardo**　聖ベルナルド
修道院

20 **pájaro** 男 _____

20 **yergue** → erguir _____

20 **Palacio Arzobispal**　大司教館

21 **recinto** 男 _____

21-22 **se ha convertido** → convertirse _____

22 **piso** 男　マンション；床

24 **mono**　かわいい

25 **pesan** → pesar _____

27 **porque** _____

28 **felicidad** 女 _____

28 **paz** 女 _____

# Gramática 15

【文法◆基本編】 進行形

チェック 進行形は「estar + 現在分詞」という形で作ります。「～している」「～しつつある」という意味を表します。

Un macho <u>está dedicando</u> una canción de amor a su novia.（オスが相手に求愛の歌を捧げています。）（本文17～18行目）

<u>Estamos viendo</u> la capilla del Oidor desde arriba.（今、私たちは裁判官礼拝堂を上から見ています。）（第14課本文11～12行目より）

タスク 次の文を進行形の文に改めなさい。

(1) Una cigüeña vuela.

_____

(2) Los turistas posan ante la cámara.

_____

(3) Las cigüeñas traen felicidad y paz.

_____

【文法◆発展編】 理由文

チェック 「（なぜなら）～なので」は porque, ya que, como などで表します。

① porque, ya que に導かれる節は、結果を表す節の後ろ：Los alcalaínos cuidan a las cigüeñas, <u>porque</u> son el símbolo de la ciudad.（アルカラ・デ・エナレスの市民はコウノトリを見守っています。それはコウノトリは町のシンボルだからです。）（本文27～28行目）

② como に導かれる句は、結果を表す節の前：<u>Como</u> las cigüeñas son el símbolo de la ciudad, los alcalaínos las cuidan.（コウノトリはアルカラ・デ・エナレス市のシンボルなので、市民はコウノトリを見守っています。）

タスク 2つの文をつないで理由文を作りなさい。

(1) Las cigüeñas traen felicidad.　+　Los alcalaínos cuidan a las cigüeñas.

　　［①型］_____

　　［②型］_____

(2) Estudio español.　+　Deseo ir a España algún día.

　　［①型］_____

　　［②型］_____

コウノトリ

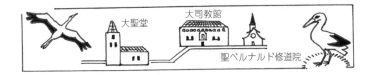

# Lección 16　*Historia y cultura*

*Flamenco*

## スペインの歩み

　　スペインは，紀元前3世紀から紀元5世紀まで，古代ローマに支配されました。その言語であるラテン語（**latín**）が，今のスペイン語のもとになるなど，その影響は決定的でしたが，**それ以前の文明**（**civilización prerromana**）の痕跡も残っています。

　　5世紀にゲルマン民族の1つである**西ゴート人**（**visigodos**）がスペインに王国を築きましたが，8世紀にイスラム教徒がそれを滅ぼし，その統治は地域によっては15世紀まで続きました。

　　キリスト教徒による「**国土再征服**（**Reconquista**）」が完了したのと同じ1492年に，**コロンブス**（**Cristóbal Colón**）がアメリカ大陸に到達し，植民地経営が始まりました。ラテンアメリカを中心とするスペイン語圏は，ここに端を発しています。多文化の融合がもたらした豊かなスペイン語世界は，21世紀の今日も進化を続けています。

1 España es un país de culturas múltiples.
2 Tiene huellas de la civilización prerromana, y la influencia
3 definitiva de la cultura romana.

4 Los visigodos, y más tarde los árabes también dejaron su
5 influencia en la Península.

6 En el siglo XXI (veintiuno), el mundo se hace cada vez más
7 pequeño y el aspecto de los países y las ciudades se hace más y
8 más parecido.

9 A simple vista, no hay mucha diferencia entre las calles de
10 Madrid y las de Tokio.

11 Sin embargo, todavía hay mucha diferencia cultural en los
12 detalles.
13 Concentrémonos, por ejemplo, en el color de los objetos.
14 ¿Cuáles son los tres colores del semáforo?
15 Se llaman rojo, ámbar y verde en España.

---

◆語句ノート◆　空欄に記入しなさい。

1 **múltiple** _____
2 **huella** 〔女〕 _____
2 **civilización** 〔女〕 _____
2 **prerromano**　古代ローマ以前の
2 **influencia** 〔女〕 _____
3 **romano**　(古代) ローマの
4 **visigodo** 〔男〕　西ゴート人
4 **árabe** 〔男〕　アラビア人
4 **dejaron** → dejar _____
5 **península** 〔女〕　半島 (Península イベリア半島)

6 **se hace** → hacerse　(〜になる)
6 **cada vez más**　ますます
7 **a simple vista** _____
11 **sin embargo** _____
12 **detalle** 〔男〕 _____
13 **concentrémonos** = concentremos + nos →
　concentrarse (この形では -sが脱落)
13 **objeto** 〔男〕 _____
14 **semáforo** 〔男〕 _____
15 **ámbar** 〔男〕　琥珀；琥珀色の

El buzón del correo, ¿de qué color es en Japón? 16

¿Rojo? 17

Pues en España, es amarillo. 18

¿Y qué significa esta banda roja y blanca? 19

Esta combinación de colores no significa festejo o aconteci- 20
miento dichoso, sino que es el símbolo de "cuidado" o "peligro". 21

¿Ves qué sutiles diferencias hay entre ambas culturas? 22

Pero es la gente de España quien hace muy original la vida de 23
este país. 24

¿Notas esta energía? 25

¿Sientes esta pasión? 26

La singularidad de la España de hoy es el fruto de la intersección 27
de múltiples culturas a través de los siglos. 28

---

◆語句ノート◆　空欄に記入しなさい。

| 16 **buzón del correo** 郵便ポスト | 22 **sutil** |
| 19 **significa** → significar | 23 **original** |
| 19 **banda** 女 | 25 **notas** → notar |
| 20 **combinación** 女 | 25 **energía** 女 |
| 20-21 **no... sino** …ではなく～ | 26 **sientes** → sentir |
| 20 **festejo** 男 | 26 **pasión** 女 |
| 20-21 **acontecimiento** 男 | 27 **singularidad** 女 |
| 21 **dichoso** | 27 **fruto** 男 |
| 21 **cuidado** 男 | 27 **intersección** 女 |
| 21 **peligro** 男 | 28 **a través de** |

## Gramática 16

【文法◆基本編】 誘いの表現

**チェック** 「～しましょう」と相手を誘うには、次の表現が使われます。

① vamos a + 動詞原形：<u>Vamos a apreciar</u> la torre desde otro ángulo.（塔を別の角度から眺めてみましょう。）（apreciar〈鑑賞する〉、第 9 課本文22行目）

② 接続法現在の nosotros の対応形：<u>Veamos</u> un ejemplo.（例を見てみましょう。）（ver〈見る〉、第13課本文 4 行目）／<u>Concentrémonos</u> en el color de los objetos.（事物の色に注目しましょう。）（concentrarse〈集中する〉、本文13行目）

**タスク** 次の句を誘いの表現に改めなさい。

(1) bailar flamenco（フラメンコを踊る）

　　 ［①型］＿＿＿＿＿＿＿＿＿＿＿　　 ［②型］＿＿＿＿＿＿＿＿＿＿＿

(2) estudiar español（スペイン語を勉強する）

　　 ［①型］＿＿＿＿＿＿＿＿＿＿＿　　 ［②型］＿＿＿＿＿＿＿＿＿＿＿

(3) sentarse aquí（ここにすわる）

　　 ［①型］＿＿＿＿＿＿＿＿＿＿＿　　 ［②型］＿＿＿＿＿＿＿＿＿＿＿

【文法◆発展編】 強調構文

**チェック** 強調したい部分を取り出し、抜けた個所を関係詞で埋めて「ser + 強調部分 + 関係詞に導かれる節」という形にすると、強調構文になります。

　　 <u>Es la gente de España</u> quien hace muy original la vida de este país.（スペインの暮らしを独特なものにしているのはスペインの人々です。）（本文23～24行目）

　　 <u>Por eso</u> es por lo que hay muchos bebés en esta ciudad.（この町に赤ん坊が多いのは、そのせいです。）（第15課本文14行目）

**タスク** 下線部の語句を強調する文に改めなさい。

(1) <u>La gente de España</u> ve sutiles diferencias entre las dos culturas.

＿＿＿＿＿＿＿＿＿＿＿＿＿＿＿＿＿＿＿＿＿＿＿＿＿＿＿＿＿＿

(2) <u>Por eso</u> el buzón del correo es amarillo en España.

＿＿＿＿＿＿＿＿＿＿＿＿＿＿＿＿＿＿＿＿＿＿＿＿＿＿＿＿＿＿

(3) La banda roja y blanca significa "<u>peligro</u>".

＿＿＿＿＿＿＿＿＿＿＿＿＿＿＿＿＿＿＿＿＿＿＿＿＿＿＿＿＿＿

**歴史年表**

先ローマ　　ローマ　　西ゴート　　イスラム　　大航海　　黄金世紀　　近代　　現代

## Vocabulario básico（基本語彙）

### ❶ 基数詞

| | | | | | |
|---|---|---|---|---|---|
| 0 | cero | 21 | veintiuno | 200 | doscientos |
| 1 | uno | 22 | veintidós | 300 | trescientos |
| 2 | dos | 23 | veintitrés | 400 | cuatrocientos |
| 3 | tres | 24 | veinticuatro | 500 | quinientos |
| 4 | cuatro | 25 | veinticinco | 600 | seiscientos |
| 5 | cinco | 26 | veintiséis | 700 | setecientos |
| 6 | seis | 27 | veintisiete | 800 | ochocientos |
| 7 | siete | 28 | veintiocho | 900 | novecientos |
| 8 | ocho | 29 | veintinueve | 1000 | mil |
| 9 | nueve | 30 | treinta | 2000 | dos mil |
| 10 | diez | 31 | treinta y uno | 5000 | cinco mil |
| 11 | once | 40 | cuarenta | 10 000 | diez mil |
| 12 | doce | 50 | cincuenta | 20 000 | veinte mil |
| 13 | trece | 60 | sesenta | 100 000 | cien mil |
| 14 | catorce | 70 | setenta | 1 000 000 | un millón |
| 15 | quince | 80 | ochenta | 2 000 000 | dos millones |
| 16 | dieciséis | 90 | noventa | 10 000 000 | diez millones |
| 17 | diecisiete | 100 | cien | 100 000 000 | cien millones |
| 18 | dieciocho | 101 | ciento uno | 1 000 000 000 | mil millones |
| 19 | diecinueve | 123 | ciento veintitrés | | |
| 20 | veinte | 135 | ciento treinta y cinco | | |

### ❷ 序数詞

| | | | | | | | |
|---|---|---|---|---|---|---|---|
| 第1 | primero | 第2 | segundo | 第3 | tercero | 第4 | cuarto |
| 第5 | quinto | 第6 | sexto | 第7 | séptimo | 第8 | octavo |
| 第9 | noveno | 第10 | décimo | | | | |

## ❸ 人称代名詞・所有詞

| | 主語<br><br>(〜が) | 直接<br>目的語<br>(〜を) | 間接<br>目的語<br>(〜に) | 前置詞に<br>つづく形<br>(〜から等) | 所有詞<br>前置形<br>(〜の) | 所有詞<br>後置形<br>(〜の) | 目的語<br>再帰形<br>(〜自身) |
|---|---|---|---|---|---|---|---|
| 私 | yo | me | me | mí | mi | mío | me |
| 君 | tú | te | te | ti | tu | tuyo | te |
| あなた | usted | lo, la | le | usted | su | suyo | se |
| 彼 | él | lo | le | él | su | suyo | se |
| 彼女 | ella | la | le | ella | su | suyo | se |
| 私たち | nosotros | nos | nos | nosotros | nuestro | nuestro | nos |
| 君たち | vosotros | os | os | vosotros | vuestro | vuestro | os |
| あなた方 | ustedes | los, las | les | ustedes | su | suyo | se |
| 彼ら | ellos | los | les | ellos | su | suyo | se |
| 彼女ら | ellas | las | les | ellas | su | suyo | se |

＊「あなた（方）を」は男性の時、lo, los。女性の時、la, las。

## ❹ 冠詞

| | 男性単数 | 女性単数 | 男性複数 | 女性複数 | 中性 |
|---|---|---|---|---|---|
| 定冠詞 | el | la | los | las | lo |
| 不定冠詞 | un | una | unos | unas | — |

## ❺ 指示詞

| | 男性単数 | 女性単数 | 男性複数 | 女性複数 | 中性 |
|---|---|---|---|---|---|
| この | este | esta | estos | estas | — |
| その | ese | esa | esos | esas | — |
| あの | aquel | aquella | aquellos | aquellas | — |
| これ | este | esta | estos | estas | esto |
| それ | ese | esa | esos | esas | eso |
| あれ | aquel | aquella | aquellos | aquellas | aquello |

＊「ここ・そこ・あそこ」は aquí, ahí, allí。

# Conjugación verbal（動詞の活用）

## 1. 規則動詞

| 不定詞<br>現在分詞<br>過去分詞 | 直説法 | | | |
|---|---|---|---|---|
| | 現在形 | 点過去形 | 線過去形 | 現在完了形 |
| **ar動詞**<br>**hablar**<br>話す<br><br>hablando<br>hablado | hablo<br>hablas<br>habla<br>hablamos<br>habláis<br>hablan | hablé<br>hablaste<br>habló<br>hablamos<br>hablasteis<br>hablaron | hablaba<br>hablabas<br>hablaba<br>hablábamos<br>hablabais<br>hablaban | he hablado<br>has hablado<br>ha hablado<br>hemos hablado<br>habéis hablado<br>han hablado |
| **er動詞**<br>**comer**<br>食べる<br><br>comiendo<br>comido | como<br>comes<br>come<br>comemos<br>coméis<br>comen | comí<br>comiste<br>comió<br>comimos<br>comisteis<br>comieron | comía<br>comías<br>comía<br>comíamos<br>comíais<br>comían | he comido<br>has comido<br>ha comido<br>hemos comido<br>habéis comido<br>han comido |
| **ir動詞**<br>**vivir**<br>生きる<br><br>viviendo<br>vivido | vivo<br>vives<br>vive<br>vivimos<br>vivís<br>viven | viví<br>viviste<br>vivió<br>vivimos<br>vivisteis<br>vivieron | vivía<br>vivías<br>vivía<br>vivíamos<br>vivíais<br>vivían | he vivido<br>has vivido<br>ha vivido<br>hemos vivido<br>habéis vivido<br>han vivido |

## 2. 不規則動詞

| | | | | |
|---|---|---|---|---|
| **1. ser**<br>～である<br><br>siendo<br>sido | soy<br>eres<br>es<br>somos<br>sois<br>son | fui<br>fuiste<br>fue<br>fuimos<br>fuisteis<br>fueron | era<br>eras<br>era<br>éramos<br>erais<br>eran | he sido<br>has sido<br>ha sido<br>hemos sido<br>habéis sido<br>han sido |
| **2. estar**<br>～である、<br>～にいる<br><br>estando<br>estado | estoy<br>estás<br>está<br>estamos<br>estáis<br>están | estuve<br>estuviste<br>estuvo<br>estuvimos<br>estuvisteis<br>estuvieron | estaba<br>estabas<br>estaba<br>estábamos<br>estabais<br>estaban | he estado<br>has estado<br>ha estado<br>hemos estado<br>habéis estado<br>han estado |

（＊1人称単数、2人称単数、3人称単数、1人称複数、2人称複数、3人称複数の順）

| 直説法 | | 接続法 | | | 命令法 |
|---|---|---|---|---|---|
| 未来形 | 過去未来形 | 現在形 | 過去形 | 現在完了形 | |
| hablaré | hablaría | hable | hablara | haya hablado | — |
| hablarás | hablarías | hables | hablaras | hayas hablado | habla |
| hablará | hablaría | hable | hablara | haya hablado | — |
| hablaremos | hablaríamos | hablemos | habláramos | hayamos hablado | — |
| hablaréis | hablaríais | habléis | hablarais | hayáis hablado | hablad |
| hablarán | hablarían | hablen | hablaran | hayan hablado | — |
| comeré | comería | coma | comiera | haya comido | — |
| comerás | comerías | comas | comieras | hayas comido | come |
| comerá | comería | coma | comiera | haya comido | — |
| comeremos | comeríamos | comamos | comiéramos | hayamos comido | — |
| comeréis | comeríais | comáis | comierais | hayáis comido | comed |
| comerán | comerían | coman | comieran | hayan comido | — |
| viviré | viviría | viva | viviera | haya vivido | — |
| vivirás | vivirías | vivas | vivieras | hayas vivido | vive |
| vivirá | viviría | viva | viviera | haya vivido | — |
| viviremos | viviríamos | vivamos | viviéramos | hayamos vivido | — |
| viviréis | viviríais | viváis | vivierais | hayáis vivido | vivid |
| vivirán | vivirían | vivan | vivieran | hayan vivido | — |

| | | | | | |
|---|---|---|---|---|---|
| seré | sería | sea | fuera | haya sido | — |
| serás | serías | seas | fueras | hayas sido | sé |
| será | sería | sea | fuera | haya sido | — |
| seremos | seríamos | seamos | fuéramos | hayamos sido | — |
| seréis | seríais | seáis | fuerais | hayáis sido | sed |
| serán | serían | sean | fueran | hayan sido | — |
| estaré | estaría | esté | estuviera | haya estado | — |
| estarás | estarías | estés | estuvieras | hayas estado | está |
| estará | estaría | esté | estuviera | haya estado | — |
| estaremos | estaríamos | estemos | estuviéramos | hayamos estado | — |
| estaréis | estaríais | estéis | estuvierais | hayáis estado | estad |
| estarán | estarían | estén | estuvieran | hayan estado | — |

| 不定詞<br>現在分詞<br>過去分詞 | 直説法 | | | | 接続法 |
|---|---|---|---|---|---|
| | 現在形 | 点過去形 | 線過去形 | 未来形 | 現在形 |
| **3. conocer**<br>知る<br><br><br>conociendo<br>conocido | conozco<br>conoces<br>conoce<br>conocemos<br>conocéis<br>conocen | conocí<br>conociste<br>conoció<br>conocimos<br>conocisteis<br>conocieron | conocía<br>conocías<br>conocía<br>conocíamos<br>conocíais<br>conocían | conoceré<br>conocerás<br>conocerá<br>conoceremos<br>conoceréis<br>conocerán | conozca<br>conozcas<br>conozca<br>conozcamos<br>conozcáis<br>conozcan |
| **4. decir**<br>言う<br><br><br>diciendo<br>dicho | digo<br>dices<br>dice<br>decimos<br>decís<br>dicen | dije<br>dijiste<br>dijo<br>dijimos<br>dijisteis<br>dijeron | decía<br>decías<br>decía<br>decíamos<br>decíais<br>decían | diré<br>dirás<br>dirá<br>diremos<br>diréis<br>dirán | diga<br>digas<br>diga<br>digamos<br>digáis<br>digan |
| **5. dormir**<br>眠る<br><br><br>durmiendo<br>dormido | duermo<br>duermes<br>duerme<br>dormimos<br>dormís<br>duermen | dormí<br>dormiste<br>durmió<br>dormimos<br>dormisteis<br>durmieron | dormía<br>dormías<br>dormía<br>dormíamos<br>dormíais<br>dormían | dormiré<br>dormirás<br>dormirá<br>dormiremos<br>dormiréis<br>dormirán | duerma<br>duermas<br>duerma<br>durmamos<br>durmáis<br>duerman |
| **6. haber**<br>～がある<br><br><br>habiendo<br>habido | he<br>has<br>ha, hay<br>hemos<br>habéis<br>han | hube<br>hubiste<br>hubo<br>hubimos<br>hubisteis<br>hubieron | había<br>habías<br>había<br>habíamos<br>habíais<br>habían | habré<br>habrás<br>habrá<br>habremos<br>habréis<br>habrán | haya<br>hayas<br>haya<br>hayamos<br>hayáis<br>hayan |
| **7. hacer**<br>する、<br>作る<br><br>haciendo<br>hecho | hago<br>haces<br>hace<br>hacemos<br>hacéis<br>hacen | hice<br>hiciste<br>hizo<br>hicimos<br>hicisteis<br>hicieron | hacía<br>hacías<br>hacía<br>hacíamos<br>hacíais<br>hacían | haré<br>harás<br>hará<br>haremos<br>haréis<br>harán | haga<br>hagas<br>haga<br>hagamos<br>hagáis<br>hagan |
| **8. ir**<br>行く<br><br><br>yendo<br>ido | voy<br>vas<br>va<br>vamos<br>vais<br>van | fui<br>fuiste<br>fue<br>fuimos<br>fuisteis<br>fueron | iba<br>ibas<br>iba<br>íbamos<br>ibais<br>iban | iré<br>irás<br>irá<br>iremos<br>iréis<br>irán | vaya<br>vayas<br>vaya<br>vayamos<br>vayáis<br>vayan |

| 不定詞 現在分詞 過去分詞 | 直説法 | | | | 接続法 |
|---|---|---|---|---|---|
| | 現在形 | 点過去形 | 線過去形 | 未来形 | 現在形 |
| **9. jugar** 遊ぶ<br><br><br><br>jugando<br>jugado | juego<br>juegas<br>juega<br>jugamos<br>jugáis<br>juegan | jugué<br>jugaste<br>jugó<br>jugamos<br>jugasteis<br>jugaron | jugaba<br>jugabas<br>jugaba<br>jugábamos<br>jugabais<br>jugaban | jugaré<br>jugarás<br>jugará<br>jugaremos<br>jugaréis<br>jugarán | juegue<br>juegues<br>juegue<br>juguemos<br>juguéis<br>jueguen |
| **10. oír** 聞く<br><br><br><br>oyendo<br>oído | oigo<br>oyes<br>oye<br>oímos<br>oís<br>oyen | oí<br>oíste<br>oyó<br>oímos<br>oísteis<br>oyeron | oía<br>oías<br>oía<br>oíamos<br>oíais<br>oían | oiré<br>oirás<br>oirá<br>oiremos<br>oiréis<br>oirán | oiga<br>oigas<br>oiga<br>oigamos<br>oigáis<br>oigan |
| **11. pedir** 頼む<br><br><br><br>pidiendo<br>pedido | pido<br>pides<br>pide<br>pedimos<br>pedís<br>piden | pedí<br>pediste<br>pidió<br>pedimos<br>pedisteis<br>pidieron | pedía<br>pedías<br>pedía<br>pedíamos<br>pedíais<br>pedían | pediré<br>pedirás<br>pedirá<br>pediremos<br>pediréis<br>pedirán | pida<br>pidas<br>pida<br>pidamos<br>pidáis<br>pidan |
| **12. poder** ～できる<br><br><br><br>pudiendo<br>podido | puedo<br>puedes<br>puede<br>podemos<br>podéis<br>pueden | pude<br>pudiste<br>pudo<br>pudimos<br>pudisteis<br>pudieron | podía<br>podías<br>podía<br>podíamos<br>podíais<br>podían | podré<br>podrás<br>podrá<br>podremos<br>podréis<br>podrán | pueda<br>puedas<br>pueda<br>podamos<br>podáis<br>puedan |
| **13. poner** 置く<br><br><br><br>poniendo<br>puesto | pongo<br>pones<br>pone<br>ponemos<br>ponéis<br>ponen | puse<br>pusiste<br>puso<br>pusimos<br>pusisteis<br>pusieron | ponía<br>ponías<br>ponía<br>poníamos<br>poníais<br>ponían | pondré<br>pondrás<br>pondrá<br>pondremos<br>pondréis<br>pondrán | ponga<br>pongas<br>ponga<br>pongamos<br>pongáis<br>pongan |
| **14. querer** 欲する<br><br><br><br>queriendo<br>querido | quiero<br>quieres<br>quiere<br>queremos<br>queréis<br>quieren | quise<br>quisiste<br>quiso<br>quisimos<br>quisisteis<br>quisieron | quería<br>querías<br>quería<br>queríamos<br>queríais<br>querían | querré<br>querrás<br>querrá<br>querremos<br>querréis<br>querrán | quiera<br>quieras<br>quiera<br>queramos<br>queráis<br>quieran |

| 不定詞<br>現在分詞<br>過去分詞 | 直説法 | | | | 接続法 |
|---|---|---|---|---|---|
| | 現在形 | 点過去形 | 線過去形 | 未来形 | 現在形 |
| **15. saber**<br>知る<br><br><br>sabiendo<br>sabido | sé<br>sabes<br>sabe<br>sabemos<br>sabéis<br>saben | supe<br>supiste<br>supo<br>supimos<br>supisteis<br>supieron | sabía<br>sabías<br>sabía<br>sabíamos<br>sabíais<br>sabían | sabré<br>sabrás<br>sabrá<br>sabremos<br>sabréis<br>sabrán | sepa<br>sepas<br>sepa<br>sepamos<br>sepáis<br>sepan |
| **16. salir**<br>出る<br><br><br>saliendo<br>salido | salgo<br>sales<br>sale<br>salimos<br>salís<br>salen | salí<br>saliste<br>salió<br>salimos<br>salisteis<br>salieron | salía<br>salías<br>salía<br>salíamos<br>salíais<br>salían | saldré<br>saldrás<br>saldrá<br>saldremos<br>saldréis<br>saldrán | salga<br>salgas<br>salga<br>salgamos<br>salgáis<br>salgan |
| **17. sentir**<br>感じる、<br>残念に思う<br><br>sintiendo<br>sentido | siento<br>sientes<br>siente<br>sentimos<br>sentís<br>sienten | sentí<br>sentiste<br>sintió<br>sentimos<br>sentisteis<br>sintieron | sentía<br>sentías<br>sentía<br>sentíamos<br>sentíais<br>sentían | sentiré<br>sentirás<br>sentirá<br>sentiremos<br>sentiréis<br>sentirán | sienta<br>sientas<br>sienta<br>sintamos<br>sintáis<br>sientan |
| **18. tener**<br>持つ<br><br><br>teniendo<br>tenido | tengo<br>tienes<br>tiene<br>tenemos<br>tenéis<br>tienen | tuve<br>tuviste<br>tuvo<br>tuvimos<br>tuvisteis<br>tuvieron | tenía<br>tenías<br>tenía<br>teníamos<br>teníais<br>tenían | tendré<br>tendrás<br>tendrá<br>tendremos<br>tendréis<br>tendrán | tenga<br>tengas<br>tenga<br>tengamos<br>tengáis<br>tengan |
| **19. venir**<br>来る<br><br><br>viniendo<br>venido | vengo<br>vienes<br>viene<br>venimos<br>venís<br>vienen | vine<br>viniste<br>vino<br>vinimos<br>vinisteis<br>vinieron | venía<br>venías<br>venía<br>veníamos<br>veníais<br>venían | vendré<br>vendrás<br>vendrá<br>vendremos<br>vendréis<br>vendrán | venga<br>vengas<br>venga<br>vengamos<br>vengáis<br>vengan |
| **20. ver**<br>見る<br><br><br>viendo<br>visto | veo<br>ves<br>ve<br>vemos<br>veis<br>ven | vi<br>viste<br>vio<br>vimos<br>visteis<br>vieron | veía<br>veías<br>veía<br>veíamos<br>veíais<br>veían | veré<br>verás<br>verá<br>veremos<br>veréis<br>verán | vea<br>veas<br>vea<br>veamos<br>veáis<br>vean |

WEB 映像＋音声　愛でる！ スペイン語 新正書法改訂版

検印
省略

© 2010年1月15日　　　初版発行
2015年1月30日　　　第3刷発行
2022年1月30日　　　改訂初版発行

著　者　　　　　　　　　　福　嶌　教　隆

発行者　　　　　　　　　　原　　雅　久
発行所　　　　　　株式会社　朝日出版社
　　　　　　101-0065　東京都千代田区西神田3-3-5
　　　　　　　　　　電話　03-3239-0271/72
　　　　　　　　　振替口座　00140-2-46008
　　　　　　　　http://www.asahipress.com/
　　　　組版　クロス・コンサルティング/印刷　図書印刷